中國學術思想 研究輯刊

十九編
林慶彰 主編

第17冊

謝文洊及其思想研究
黎雅真 著

花木蘭文化出版社

國家圖書館出版品預行編目資料

謝文洊及其思想研究／黎雅真 著 -- 初版 -- 新北市：花木蘭文
化出版社，2014〔民 103〕
目 4+158 面；19×26 公分
（中國學術思想研究輯刊 十九編：第 17 冊）
ISBN 978-986-322-936-0（精裝）
1.（清）謝文洊 2.學術思想 3.清代哲學
030.8   103014780

ISBN-978-986-322-936-0

中國學術思想研究輯刊
十九編 第十七冊   ISBN：978-986-322-936-0

謝文洊及其思想研究

作　　者　黎雅真
主　　編　林慶彰
總 編 輯　杜潔祥
副總編輯　楊嘉樂
編　　輯　許郁翎
出　　版　花木蘭文化出版社
社　　長　高小娟
聯絡地址　235 新北市中和區中安街七二號十三樓
　　　　　電話：02-2923-1455／傳眞：02-2923-1452
網　　址　http://www.huamulan.tw 信箱 hml 810518@gmail.com
印　　刷　普羅文化出版廣告事業
封面設計　劉開工作室
初　　版　2014 年 9 月
定　　價　十九編 25 冊（精裝）新台幣 42,000 元
版權所有・請勿翻印

謝文洊及其思想研究

黎雅真　著

作者簡介

黎雅真（1985～），臺灣台北市人。元智大學中國語文學系學士，國立高雄師範大學經學研究所碩士，目前為國立高雄師範大學國文研究所博士候選人，現任高雄師範大學國文學系及美和科技大學通識教育中心兼任講師。研究領域主要為春秋學與清代學術思想，博士班指導教授為鄭卜五老師，未來將從事清代春秋公羊學發展。撰有碩士論文《謝文洊及其思想研究》，另有〈謝文洊與朱熹教育思想對台灣之影響探析〉、〈江藩《公羊》親迎辯〉探析〉、〈慈孝與倫理——《呂氏春秋》孝道觀探析〉等單篇論文發表。

提 要

　　本論文主題為「謝文洊及其思想研究」。謝文洊（1616～1682）是明清之際著名的理學教育家，字秋水，號約齋，江西省建昌府南豐縣人，時人稱其「程山先生」。明萬曆四十四年（1616）謝文洊出生於南豐縣大井里，其家族世系皆為書香世家，父親謝天錫，即為明代太學生。謝文洊自幼端重不喜群兒嬉戲，五歲時即不同於其他孩童，尤其好禮注重行儀。七歲入小學，受到母親的諄諄訓勉，孝親敬長、敦睦兄弟，學業十分精進。生平大致可分為前、後兩期，前階段主要是謝文洊求學的草創期，其由務舉業而入禪，由入禪而習儒，習儒則又由崇奉陽明轉而師承程朱，途中頗多曲折，但文洊能不斷地自我完善，使治學日精月進。後階段則可說是其治學的興盛期，通過長期的教育實踐和著書立說，奠定著名的「程山謝子之學」。本論文內容首先從研究謝文洊的生平及交游開始，接續論述其學述著作，最後探討其學術思想，包含治學理念和教育學風，筆者由以上三個大脈絡進行考察和研究，以深入瞭解謝文洊的生平及其學術思想，並將研究的章節主旨論述如下：

　　第一章 緒論：

　　第一節，提出本論文的研究動機與目的，所謂問題意識如何形成。第二節，資料取材與文獻探討，說明論文的研究現況，包含原典文獻取材以及前人研究狀況探討。第三節，簡述論文研究的方法，包括研究步驟與研究態度。第四節，介紹研究內容範圍，並闡述每章節架構。

　　第二章 謝文洊生平及交游：

　　本章主要是研究謝文洊的家族世系背景、生平建樹事蹟，以及師承、弟子交游概況。第一節，由介紹謝文洊的家族世系，以瞭解其成長背景概況。第二節，研究謝文洊的生平歷程和建樹事蹟，包括其年譜的製作呈現。第三節，研究謝文洊的師承關係，分為心師與人師兩部分進行論述。第四節，列出向謝文洊授學的弟子們，其中涵蓋當時頗具名聲的程山六君子。第五節，研究謝文洊的交游情形，包含介紹與程山謝文洊合稱「江西三山言理學派」的易堂、髻山兩大派學者。

　　第三章 謝文洊學述探究：

　　本章以研究謝文洊的學述著作為主體，內容主要包括：第一節，著作考述。第二節，文體概述。第三節，文學風格。由以上三節進行考察謝文洊的學述著作之內涵主張。

第四章 謝文洊學術思想：

本章以論述謝文洊的學術思想為主旨，內容主要包含：第一節，謝文洊學術背景，由探討明末清初的學術背景，從內在、外緣因素分別探討，研究謝文洊「文以載道」與「經世致用」的思想時代背景。第二節，謝文洊治學理念，從謝文洊治學的態度與方法分析，研究其治學理念特色。第三節，謝文洊教育學風，由〈程山十則〉和〈果育齋教條〉為準則，研究謝子之學的教育風格。透過以上三節進而研究謝文洊為學理念的時代意義與學術風貌。

第五章 結論：

本章列舉後世對謝文洊的學術評價，以及其對後代之影響，客觀檢視本論文之研究成果價值，並提出筆者研究期間所遇之侷限和有待檢討改進的地方。

目
次

第一章 緒 論

　　本章緒論共分為四個小節：第一節、敘述研究之動機與目的，第二節、說明研究資料取材與文獻探討，第三節、陳列研究方法的步驟和態度，第四節、闡述研究內容範圍及章節架構。筆者將於以下四節中，做詳細的研究與探討。

第一節　研究動機與研究目的

　　所謂問題意識的形成，對於學者的研究相當重要，任何研究意識的產生，必定有其原因或目的，而促使意識進行研究的行為，必然有其「動機」，所以說「動機」是研究行為的原因，「目的」的顯現，也將是「動機」的存在，而「目的」不僅是表現動機或意志的趨向，也是價值取捨的一項標準；換言之，不同的「目的」其價值也就不同，目的之所指，即價值之所在。〔註1〕所以一個學術是否有其研究價值必須考量：一、它有沒有人研究過？二、它是否研究的不夠完全？三、別人是否沒有用過批評的方法研究過？四、一個新的而又有價值的研究是否可能？五、有沒有新的材料發現，可以再去研究？在這些情形中，如果有一個或一個以上的情形存在，那麼這個題目就值得讓人再去研究。〔註2〕本論文研究題目為「謝文洊及其思想研究」，而此研究題目的

〔註 1〕參考鄭師卜五《傅青主與其諸子學研究》（高雄市：高雄師範大學國文研究所碩士論文，1991 年），頁 5～6。參考謝成豪《彭紹升及其思想研究》（高雄市：高雄師範大學經學研究所碩士論文，2009 年），頁 1。
〔註 2〕參考楊鴻烈《歷史研究法》（台北市：華世出版社，1975 年），頁 33。參考謝成豪《彭紹升及其思想研究》（高雄市：高雄師範大學經學研究所碩士論文，2009 年），頁 1。

確立，即是依循以上五個方向來擬定完成，研究宗旨將對於謝文洊的生平行述介紹，以及其治學教育理念的闡明，使筆者對謝文洊的學術思想有更進一步的認識和瞭解。

一、研究動機

自從進入高師大經學研究所就讀後，對於總是和藹可親、謙和待人的鄭卜五老師印象深刻。還記得一年級時，所修的一門「清代學術思想」課堂中，鄭老師曾說過「問題意識」的形成，對一個正在做研究的研究生來說相當重要。所謂「問題意識」，即是探究久懸未解的學術公案，或富於爭議性的焦點話題，而做學術研究，必須先有一個問題意識，為什麼要寫這篇論文？因為要解決一個學術懸案，於是一旦寫好這篇論文，就可以從此獲得澄清，是非曲直塵埃落定，所以學術研究必須存有「問題意識」，成果才能往上提昇，不致向下沉淪。本論文的研究動機，即是受到鄭老師的啟發，筆者由「清代學術思想」這門課中，開始對清代學術思想產生好奇與興趣，於是引發筆者的研究動機，從研究清初理學大家──程山謝文洊，並藉由其生平建樹、學述交游、思想理念，進而瞭解清初學術思想的發展進程。

二、研究目的

所謂「問題意識」的表達和功效，主要依循以下三點方式進行：其一，能拾遺辨惑，繩愆糾謬，有匡謬補缺之功。其二，能詳人所略，異人所同，有張皇幽渺之功。其三，能推陳出新，獨闢谿徑，有新創發明之功，筆者秉持三點作為研究論文的目標。〔註3〕謝文洊為清初著名的理學教育家，其學術思想歷程一波三折，先由務舉業而入禪，再從入禪轉而習儒，最後又由崇奉陽明轉而師承程朱，其思想跨越了禪學、陸王，以及程朱，其中經歷頗多曲折，但謝文洊皆能不斷地自我完善，尤其是其教育理念，主張「程山十則」的想法開闊，更是展現其學術思想日精月進的基石。筆者經由研究謝文洊這位清代理學教育學者，進而瞭解清初學術的發展演進，於是本論文的研究目的，乃是希望能將謝文洊的生平及其學術思想，做一番有系統的整理和研究，並且忠實的呈現在各位學者面前，以期望能有拋磚引玉、繼往開來的學術作用。

〔註3〕參考張高評：〈論文選題與學術研究〉，（《國文天地》，第12期，2003年5月），頁81～95。

第二節 資料取材與文獻探討

一、資料取材

本論文的原典資料取材，主要以謝文洊的著作《謝程山集》爲底本，內容包含文集和詩集的羅列，以及闡發其理學思想的著述《學庸切己錄》爲主軸，二書所採用的版本分別爲清道光三十年（1850）刻本，以及清光緒十八年（1892）謝鏞刻本，目前二書皆收錄於《四庫全書存目叢書》（臺南：莊嚴文化事業有限公司，1997 年）中的集部別集類 209 冊，和經部四書類 169 冊，此亦是台灣唯一現存的版本。在謝文洊生平行述研究方面，主要參考其孫謝鳴謙所編《程山謝明學先生年譜》，收錄於《年譜叢刊》73 冊（北京：北京圖書館出版社，1998 年），筆者由此書有關謝文洊生平年表的詳列，加上《江西省南豐縣志》〈清乾隆三十年刊本〉收錄於《中國方志叢書》華中地方 第 826 號（台北：成文出版社有限公司，1989 年），以上兩書中記錄謝文洊生平的陳述，再將有關謝文洊的行述事蹟作補充，製作較完整詳細的謝文洊生平年譜。關於介紹謝文洊的家族世系和師友交游，所採用的底本則爲（清）盧崧、朱若烜等纂修《江西省南豐縣志》〈清乾隆三十年刊本〉和（清）邵子彝、魯琪光等纂修《江西省建昌府志》〈清同治十一年刊本〉，此兩書皆收於《中國方志叢書》華中地方（台北：成文出版社有限公司，1989 年）。至於今人專書取材部分，筆者主要參考徐世昌的著作《清儒學案》卷十八（北京：中華書局，2008 年）爲研究底本。

筆者依據上述著作版本，開始進行有關謝文洊及其思想之研究，從原典的熟悉解讀，和專書資料的參考輔佐，進而從研究考察中理解、分析、歸納，使筆者對謝文洊的思想淵源、特質、脈絡，能清楚掌握與正確理解，以期更能接近謝文洊思想的全貌。關於更多詳細的書目，請讀者們參見論文參考文獻書目部分，筆者在此先不一一列舉。

二、文獻探討

文獻探討是提供研究者瞭解相關研究的成果，以便做爲研究者建構研究方向的參考，以及確定研究議題具有研究價值的必要過程，確實掌握前賢研究狀況，瞭解前賢研究成果與未及之處，作爲本研究論文之基石。本論文主要以研究「謝文洊及其思想」爲主題，筆者在著手研究之前，首先查詢「臺灣博碩士論文知識加值系統」發現目前臺灣地區學術界的學位論文中，還不

曾有人提出相關的作品，故本論文之研究在臺灣學術界將會是第一個研究謝
文洊的學位論文。

　　研究專家歷史人物，必須將其放置當時的時代背景脈絡中去理解，才能
得出合理化的解釋，那麼謝文洊其人和當時與之交往過的朋友，他們的身份、
行為和著作，即為本論文的基本蒐列，這些重要的人物，包括謝文洊本人，
以及當時江西重要學術團體，包含講學翠微峰的寧都「易堂九子」，與講學髻
山的星子宋之盛（1579～1688），他們皆與謝文洊相應和，所以時人將易堂魏
禧（1624～1681）髻山宋之盛，以及程山謝文洊並稱為當時著名的「江西三
山」。筆者認為研究任何人物的學術思想前，必須透過正確解讀人物在其著作
原典中所要表達的確切意涵，所以筆者在本論文寫作之前，首先閱讀謝文洊
以及其交游的相關原典著作，以便於寫作論文的順利進行。

　　由於江西三山和易堂九子等明末遺民之文集或論著，內容多因被認為有
「違礙」、「悖逆」而觸犯清廷忌諱遭禁燬，遲至近十年，對岸《續修四庫全
書》、《四庫全書存目叢書》等書才相繼編成，關於謝文洊個人的著作專集，
從書前諸子相互作敘，可知多為當時即已刻版，而這些文集中，保有諸子彼
此書信往來論學，或針對同一項議題的討論，不但有助於廣泛瞭解謝文洊交
友的互動，對於其學術思想發展理念也有更深層的認識。文集往往可反映出
個人的志節、理想或事功，尤其在文獻不足或正史無專傳者，文集更是解讀
專家學最佳的資訊來源，於是筆者由收錄在《四庫全書存目叢書》中，謝文
洊的著作《謝程山集》和《學庸切己錄》二書，開始著手進行謝文洊的思想
研究。

　　在方志和年譜的部分，方志乃為一個地方的歷史，能較正史更詳盡記載
當地曾發生的人與事，而年譜不但可體現個人一生的活動和學術思想面貌，
亦可反映出一個時代的精神和學術發展趨勢，兩類書籍皆為知人論世及論世
知人的極佳輔助資料。筆者從謝文洊的出生地江西南豐縣開始搜尋，由收錄
於《中國方志叢書》中的《江西省南豐縣志》，以及謝文洊之孫謝鳴謙所編的
《程山謝明學先生年譜》作為研究謝文洊生平活動、行述事蹟的研究底本。

　　台灣學術界對於謝文洊的研究向來一片沉寂，近年兩岸學術交流日益頻
繁，書籍和資訊的取得益多益廣，因知對岸學術研究趨勢之一，即是著重發
揚當地的歷史文化，由於謝文洊為江西南豐人，於是筆者由江西當地的學術
書籍和刊物開始搜尋，由楊鑫輝、李才棟主編的《江西古代教育家評傳》（南

昌：江西教育出版社，1995 年 8 月），內文有關於謝文洊之生平梗概、授徒講學，以及其教育理念的簡單介紹。最後則是學派的比較，筆者只得刊物一文，即爲胡迎建〈清初江西三大學派歧同述略〉，（《江西社會科學》，1996 年第 12 期），該文爲比較南豐程山謝文洊、寧都易堂魏禧，以及星子髻山宋之盛，此「江西三山」各家學術的歧同，而其內容引文則大多取自《謝程山集》。筆者希望藉由參考上述有關謝文洊的相關著作爲依據，由前人的成果作爲研究謝文洊及其思想的基礎，經深入解讀吸收後，將其不足之處填補加強，從相關原典的考察中，闡發謝文洊學術所要表達的思想意涵，並加以融會貫通呈現於讀者面前，期盼此論文能拋磚引玉，促使其他學術先進、同好，注意謝文洊在學術上的貢獻和價值。

第三節　研究步驟與研究態度

　　成功的論文著作，必須具備正確的研究方法，所以踏實的研究步驟與客觀的研究態度，即爲兩個不可或缺的重要因素。本論文的研究方法採分析、比較、歸納等方式，進行有系統的整理和論述，闡發謝文洊的生平行述，以及其學術思想研究。

一、研究步驟

　　一、確立題目：首先決定研究目標，開始立定研究主題範圍，包含謝文洊的家族世系、生平背景、學述探究，以及其教育治學等學術思想研究，於是確立題目爲《謝文洊及其思想研究》進行研究。

　　二、擬定章節：確定論文題目後，首先列出論文大綱，擬定論文章節，決定內容主要論點，以表達論文主旨，並建立閱讀書單、書目，以便查詢文獻蒐集資料。

　　三、蒐集資料：因應論文的研究範圍，故舉凡與謝文洊之生平有關之文集、史傳、方志、選集、前人著述等，以及有關謝文洊的學術背景、生平、成就、評價之研究專著與期刊論文，包括與謝文洊本身有相關之著作和前人研究相關著作等，均在蒐集之列。

　　四、精讀計畫：自訂進度計畫表，照表操課，將蒐集的資料加以精讀研究，分析資料去蕪存菁，把可用的資料分類整理，並以其重點作成筆記及索引，若有資料不足之處，則再進行蒐集整理研讀。

　　五、闡明思想：資料搜集完整，全部精讀整理後，採分析、歸納、比較等方式，依據原文本意進行標點句讀和解讀注釋，盡可能由原典原意闡明謝文洊的學術思想意涵。

　　六、撰寫分章：依論文大綱撰寫草稿，確立論文結構，並決定寫作策略。本論文共分爲五個章節進行，首先由製作謝文洊的年譜開始，接著依序完成第二章、生平交游，第三章、學述探究，以及第四章、學術思想，至於第一章、緒論和第五章、結論，則排至最後撰寫，文中附列相關圖表，包括謝文洊家族世系簡表、著作一覽表、以及生平年譜簡表等呈現，論文最後附上參考文獻資料以備學界學者參考查詢。

二、研究態度

　　研究結果的有效性及正確度，往往取決於研究態度是否能夠客觀，爲了順利進行上述研究步驟的六個階段，並且能忠實呈現謝文洊的思想理念於讀者，所以本論文的研究，必須秉持五項積極的研究態度來進行：

　　一、避免將原典史料或者存稿文獻加以己意曲解割裂。
　　二、當還沒確立足夠的證據之前絕不妄自判定結論。
　　三、引用別人研究的成果時不擅自竄改其內容和想法。
　　四、不可滲入過多的個人情感而隨意主觀論述。
　　五、適當運用前人的研究論點舉一反三來釐清相關問題。

第四節　內容範圍與章節架構

　　本論文主題爲「謝文洊及其思想研究」，除了研究謝文洊的生平行述及師友交游以外，筆者將對其學術思想做全面性的統整探討，冀望能補足前人研究所遺漏不足之處，使後人得以進一步認識謝文洊的學術思想理念。本論文共分成五大章節分別進行論述研究：

　　第一章、緒論：

　　第一節，提出本論文的研究動機與目的，所謂問題意識如何形成。第二節，資料取材與文獻探討，說明論文的研究現況，包含原典文獻取材以及前人研究狀況探討。第三節，簡述論文研究的方法，包括研究步驟與研究態度。第四節，介紹研究內容範圍，並闡述每章節架構。

第二章、謝文洊生平及交游：

本章主要是研究謝文洊的家族世系背景、生平建樹事蹟，以及師承、弟子交游概況。第一節，由介紹謝文洊的家族世系，以瞭解其成長背景。第二節，研究謝文洊的生平歷程和建樹事蹟，包括其年譜的製作呈現。第三節，研究謝文洊的師承關係，分為心師與人師兩部分進行論述。第四節，列出向謝文洊授學的弟子們，其中涵蓋當時頗具名聲的程山六君子。第五節，研究謝文洊的交游情形，包含介紹與程山謝文洊合稱「江西三山言理學派」的易堂、髻山兩大派學者。

第三章、謝文洊學述探究：

本章以研究謝文洊的學述著作為主體，內容主要包括：第一節，著作考述。第二節，文體概述。第三節，文學風格。由以上三節進行考察謝文洊的學述著作之內涵主張。

第四章、謝文洊學術思想：

本章以論述謝文洊的學術思想為主旨，內容主要包含：第一節，謝文洊學術背景，由探討明末清初的學術背景，從內在、外緣因素分別探討，研究謝文洊「文以載道」與「經世致用」的思想時代背景。第二節，謝文洊治學理念，從謝文洊治學的態度與方法分析，研究其治學的理念特色。第三節，謝文洊教育學風，由〈程山十則〉和〈果育齋教條〉為準則，研究謝子之學的教育風格。透過以上三節，進而研究謝文洊為學理念的時代意義與學術風貌。

第五章、結論：

本章列舉後世對謝文洊的學術評價，以及其對後代之影響，客觀檢視本論文之研究成果價值，並提出筆者研究期間所遇之侷限和有待檢討改進的地方。

本篇論文由以上五個內容章節分別架構而成，由研究謝文洊的生平行述開始闡述，直至探討謝文洊的學術教育之思想核心。筆者取證原典文獻佐證，參考眾儒之解釋說法，加上個人的分析歸納整理，經由謝文洊的生平學術理念、治學方法態度，以及教育特色學風，闡明其學術思想的意涵理念與核心價值。

第二章　謝文洊生平及交游

　　本章主要探究之重點，以謝文洊的家族世系背景、生平事蹟建樹，以及師承、弟子交游概況爲主軸，並細分成五個小節做研究。第一節，以謝文洊的家族世系爲主，進而瞭解其生長背景。第二節，研究謝文洊的生平概況和建樹事蹟，包括其年譜的製作呈現。第三節，研究謝文洊的師承關係，分爲心師與人師兩部分進行論述。第四節，羅列介紹曾向謝文洊授學的弟子，包含當時頗具盛名的程山六君子。第五節，研究謝文洊的交游情形，概括介紹與程山謝文洊並列，時稱「江西三山言理學派」之易堂、髻山兩大學派學者。因此，本章由謝文洊的家族世系爲背景，並配合其生平歷程、師友交游爲主述，試圖探究瞭解謝文洊的人格人品及交游概況。

第一節　謝文洊家族世系

　　《論語》說：「愼終追遠，民德歸厚矣」，所指之意爲子孫對先祖的崇敬祭祀，即是中國不忘本的孝道觀念，經歷了兩千多年後，成爲中華傳統家族的主要核心。對一個家族而言，沒有昔日的祖先哪有今日的我們，少了過去根深蒂固的先祖，就不會有當今開花結果的子孫。飲水必須思源，如今欲深入研究專家學之前，不能忘記其家族祖宗，於是在瞭解謝文洊生平之前，先就其家族世系做一番整理概述。

先祖一

謝堯仁

謝堯仁，字夢得，邵武建寧人。堯仁爲人卓絕奇詭，胸懷大志於當世，

可惜並不顯達於仕途。其與兒子謝驛，字處厚，兩人以詩文聞名於江湖間。南宋孝宗淳熙年間，謝堯仁以宏辭薦於鄉，於是舉家徙往南豐市，並在山中築居室，門庭即曰西窗，以此地長吟終老。〔註1〕

先祖二

謝驛

謝驛，字處厚，邵武建寧人。謝驛與其父謝堯仁，兩人以詩文並列，聞名於江湖間，後徙家遷居於江西南豐市。〔註2〕

先祖三

謝之純

謝之純，其字、號不詳。之純畢生侍奉後母，其孝心廣為鄉里傳頌。〔註3〕

先祖四

謝師聖

謝師聖，字必道，號霜厓。其父親為謝之純，師聖幼年即力爭上游向學。南宋理宗開慶年間登第，並調為寧都主簿，適鄰寇披猖，宰素懦邑人，凜懍競以守，謝師聖不肯食息，為城上備守，寇遁轉，掠石城憲司，聞師聖材檄攝石城，令石城俗素獷，寇且漁洞人，無固志，於是師聖布恩信明，斥堠飭械伍，寇相引以為戒，不敢再犯，人民才得以安頓。謝師聖後調宜春，丞時袁守雷、宜中劉安世相當器重之，並推薦其於朝，因宜中為福建轉運點，所以辟其為松溪令，頗有惠政，宋滅亡後，即以隱而終。〔註4〕

〔註1〕參考（清）盧崧、朱若烜等纂修《江西省・南豐縣志三》〈清乾隆三十年刊本〉卷三十〈流寓〉。收於《中國方志叢書》華中地方第826號（台北：成文出版社有限公司，1989年），頁980。

〔註2〕參考（清）盧崧、朱若烜等纂修《江西省・南豐縣志三》〈清乾隆三十年刊本〉卷三十〈流寓〉。收於《中國方志叢書》華中地方第826號（台北：成文出版社有限公司，198年9），頁980。

〔註3〕參考（清）盧崧、朱若烜等纂修《江西省・南豐縣志二》〈清乾隆三十年刊本〉卷二十四〈人物〉。收於《中國方志叢書》華中地方第826號（台北：成文出版社有限公司，1989年），頁585。

〔註4〕參考（清）盧崧、朱若烜等纂修《江西省・南豐縣志二》〈清乾隆三十年刊本〉卷二十四〈人物〉。收於《中國方志叢書》華中地方第826號（台北：成文出版社有限公司，1989年），頁585。

曾祖

謝昇

無生平文獻資料

祖父

謝廷用

謝廷用，其字、號不詳。廷用爲明代諸生，矜式於神宗萬曆年間。〔註5〕

父親

謝天錫

謝天錫，字振南。天錫肄業，儀容雍美，雖王公前從容論議，後授官即以母老辭退，其治家一秉古禮，內外嚴肅，喜好施予，便利人事，晚年負債多，甚至有千百張空券，常言來生必以犬馬相報。謝天錫築書舍於廣昌香山，並課其子謝文洊，卒後成爲著名大儒。〔註6〕

兒子（德字輩）

謝德宏

謝德宏，字子實，晚號龐舟叟，江西南豐人。其爲謝文洊長子，壯年志意氣盛，可惜仕途不遇，遂以醫行於世。爲人魁頎多髯，豪邁自喜，每次讀史，有所不可輒，總是拍案痛哭，終夜不寐，常說：「丈夫生世，何事不可爲，至窮以詩鳴，豈不哀哉。」其因抑鬱無所抒發，乃以醫遊於世，安親王聞其名，遣人羅致，勸德宏出仕，其吟詩不答，乃放還。而當南豐爲耿逆所破，從兄弟陷圍城，中有十餘人，於是德宏佔賊軍，穿戎衣入內，遭周行搜繫，以出荷戈錘，其口咄咄不休，賊不虞其詐，最終驚險過關。謝德宏生平奔走，處於亂世離間，志氣從不稍挫，年邁則賦詩而終，年七十八歲。著作有《龐舟集》。〔註7〕

〔註5〕參考（清）盧崧、朱若炬等纂修《江西省·南豐縣志二》〈清乾隆三十年刊本〉卷二十五〈人物〉。收於《中國方志叢書》華中地方第826號（台北：成文出版社有限公司，1989年），頁681。

〔註6〕參考（清）盧崧、朱若炬等纂修《江西省·南豐縣志二》〈清乾隆三十年刊本〉卷二十五〈人物〉。收於《中國方志叢書》華中地方第826號（台北：成文出版社有限公司，1989年），頁681。

〔註7〕參考（清）盧崧、朱若炬等纂修《江西省·南豐縣志二》〈清乾隆三十年刊本〉卷二十六〈人物〉。收於《中國方志叢書》華中地方第826號（台北：成文出版社有限公司，1989年），頁738。

孫子（修字輩）

謝修振

謝修振，字宜爾，江西南豐人。謝文洊孫子，少仰慕魏公凝叔，其爲人思路敏捷，以文章聞名海內外，尚書徐乾學曾欲以官之。修振勤於古作，好壯遊四方，崑山徐健菴徵海內名人，並期望有所著述，修振因得程山家學，於是相與討論於碧山堂，歷時二年之久。相國馬公齊也曾聘其爲子弟師，修振以行欲授之，後辭官離鄉，遨遊於海外，長達數十年不返，曾曰：「吾得以遨遊自適者，以有修擴爲居者也。」其著有《寫心軒集》。〔註8〕

謝修擴

謝修擴，字克之，江西南豐人。謝文洊孫子，修振弟，誠篤似其祖，奉祖以居二十餘年，從未曾間斷，篤學爲彭躬菴、甘楗齋所稱許。後遭亂負汲，種蔬以爲養，有閒暇則讀書，臨古榻歌詩，詩作不多，遇人無論少長賢愚，一律訓以禮教，生平善酒，認爲飲酒如春風披拂，使人自醉，爲人多感而善良。生平抄寫程山著作五十六卷，皆以手錄字，畫作溫潤如程山。晚年依山築小室，門庭名曰「祖軒」，歌詠以終老，其著有《祖軒文集》、《祖軒詩集》。〔註9〕

曾孫（身字輩）

謝身耕

謝身耕，號植菴，南豐人。父親謝修振，爲謝文洊孫，修振年老兩目俱瞶，身耕每於雞鳴時，早起以舌舐之，過了二十日，父親雙目終於復明。後父親歿時，身耕已年過七十，其孝行廣爲鄉里流傳。〔註10〕

謝身耦

謝身耦，南豐人，父親謝修擴，爲謝文洊孫。其生平、卒年皆不詳。

〔註8〕參考（清）盧崧、朱若炬等纂修《江西省・南豐縣志二》〈清乾隆三十年刊本〉卷二十六〈人物〉。收於《中國方志叢書》華中地方第826號（台北：成文出版社有限公司，1989年），頁728。

〔註9〕參考（清）盧崧、朱若炬等纂修《江西省・南豐縣志二》〈清乾隆三十年刊本〉卷二十六〈人物〉。收於《中國方志叢書》華中地方第826號（台北：成文出版社有限公司，1989年），頁729。

〔註10〕參考（清）邵子彝、魯琪光等纂修《江西省・建昌府志六》〈清同治十一年刊本〉〈人物・孝友〉。收於《中國方志叢書》華中地方第831號（台北：成文出版社有限公司，1989年），頁2304。

第二節　謝文洊生平

一、幼年時期（一歲至十五歲）

　　謝文洊（1616～1682）字秋水，號約齋，江西省建昌府南豐縣人。根據《程山謝明學先生年譜》記載：

> 十六世為先生父，太學生，諱天錫，元配氏揭，無子卒，繼室氏何，生先生。明萬曆四十四年（1616），丙辰，秋八月癸亥，先生生於南豐縣大井里。〔註11〕

謝文洊的父親謝天錫，為明代太學生，元配揭氏無子即卒，繼室夫人姓何，在明萬曆四十四年（1616），生謝文洊於南豐縣大井里。

　　謝文洊自幼端重，不喜群兒嬉戲，五歲時即不同於其他孩童，尤其好禮注重行儀。其七歲入小學，受到母親的諄諄訓勉，孝親敬長、敦睦兄弟，學業也十分精進。我們由文洊所作〈太夫人行狀〉得知：

> 舅氏死，洊甫十餘齡，隨先母往，哭見先外祖覺菴先生，遺書中有與羅念菴、鄒爾瞻二先生書稿，洊愚不解，唯朱子晚年定論一冊，先母見洊翻閱不置，命持歸，洊自後雖習舉子業，理學一念耿耿不忘中得，自奮拔，皆先母有以啟之也。〔註12〕

謝文洊十三歲時，其舅父去世，即隨母親前往弔唁，見到外祖父家的藏書中，有一部朱熹晚年的論著，經閱讀後即愛不釋手，母親見狀便讓文洊攜回家中研讀，此書對文洊未來的理學思想影響頗大，而日後治學之理念皆不離此書所得，亦可見母親對其細心的栽培和啟發。

二、壯年時期（十六歲至四十二歲）

　　謝文洊十五歲，娶元配李氏，可惜李氏因病早逝。十六歲娶繼室蕭氏為妻，生下長子謝德宏。文洊二十一歲，入縣學弟子籍，這一年父親謝天錫在廣昌縣香山築學舍，自號「香山居士」，並命謝文洊與兄弟在此敬業讀書，直至二十四歲，其應考鄉試未中，歸而歎道：

〔註11〕見謝鳴謙《程山謝明學先生年譜》收於《年譜叢刊》73 冊（北京：北京圖書館出版社，1998 年），頁 256。

〔註12〕見謝鳴謙《程山謝明學先生年譜》收於《年譜叢刊》73 冊（北京：北京圖書館出版社，1998 年），頁 258。

天下方亂，而求賢草率若此，非中興氣象也，吾不可以復矣。〔註13〕

明代王朝正處末途，朝廷綱紀不整，世局格外紛亂，當時文洊仕途並不順遂。崇禎十二年（1639），文洊因應鄉試不中，頗感生不逢辰，又看見中原流寇紛亂無度，於是己卯年後，出世之志漸生，開始與禪僧往來。

自此以後，謝文洊於寓香山研習舉業，認爲世風敗壞日下，民生衰微墮落，皆是由於小學不興、教化不利所造成，於是崇禎十五年（1642），編輯《初學先言》自勵。文洊入香山學禪，並喜閱佛書，其中最好讀大慧禪師的著作，且用功反覆誦讀，體會禪中奧妙意境。崇禎十七年（1644），明朝滅亡，文洊毅然盡棄舉業，脫離縣學弟子籍，先後研讀陸九淵的《象山集》、王畿的《龍溪集》，和王守仁的《文成公集》，深悔從前習舉業與入禪的荒謬，開始專志於儒學。

由於明代遺臣持續抗清，時局依然動盪不安，順治四年（1647），謝文洊避亂居鄉，開始會友講學，尤其讀《文成公集》後，深感從前習禪之誤謬，乃會同李萼林、曾有孚、邵睿明、傅與、姚繩武、揭白波、曾秉豫、甘京、曾樵陽等志友，會講陽明良知之學，並提出「萬物皆備於我，前後皆備於今」的觀點想法。文洊三十三歲時，此年舉會最密，每月朔、望日均爲會講日，而舉會中最佩服傅同人（傅與），謂其見地超卓，膽力俱到。

謝文洊三十四歲，在新城縣神童峰大興講會，值得一提的是，會中講友王聖瑞精於研究羅整菴的《困知記》，其在會講之時，以羅氏《困知記》爲依據，對於陽明良知之說多所批評，起初文洊與其爭辯數日，最終被王聖瑞的理學理念所動，於是返回香山之後，開始研習《困知記》。文洊起初閱讀時，並無法了解其中之義涵，直至四十二歲後，再次專心複讀，才頓有感悟，眞正體會禪學和陽明之學實有弊端，一意轉崇程朱之學爲旨歸。文洊在此期間，同時完成編訂《程門主敬錄》、《風雅倫音》，和刪訂《大學稽中傳》等著作。

謝文洊先後在家鄉的果育齋、新城、梅源等處設館授學，其中最受矚目的即是順治十一年（1654）於南豐縣城西建立的「程山學舍」，並設「尊雒堂」，時稱「程山學派」，當時包含李萼林、邵睿明、周道新、曾秉豫……等講友，皆常會講於程山學舍。文洊本著以誠信爲本，以識仁爲體，以經世爲要的治學態度，使當時許多學者皆因驚其才華而願列門下。謝文洊認爲：

〔註13〕見謝鳴謙《程山謝明學先生年譜》收於《年譜叢刊》73 冊（北京：北京圖書館出版社，1998 年），頁 261。

> 一為師道，等於君父，潦草奉師，是為褻道，只有培植深厚，沛然
>
> 有余，乃可為師，不然，則是道德中之功利。〔註14〕

以上足見，謝文洊躬行實踐的作風，以二程之學為道德準則，上承濂溪、下啓關閩，使學者們紛紛佩服不已，並相繼折節為弟子。

　　謝文洊起初授學，雖然多有挫折，曾有學者對其學說不以為然，甚至訕笑之，但自從經師封濬、進士黃熙，以及老友甘京相繼折節後，學者們無不對其學說刮目相看，爾後慕名而來講學的學者日益增加，程山之學開始興盛。

三、盛年時期（四十三歲至五十八歲）

　　謝文洊四十三歲時，認為治學之本在於「畏天命」，身為學者當以此心法時時警惕自己提升，於是提倡「畏天命」為宗旨授學，其同鄉友人甘京、黃熙、封濬、曾日都、危龍光、湯其仁等，先後拜謝文洊為師，時稱「程山六君子」。當時其祖父輩謝退思、父輩名士李淑旦、大司馬湯來賀，也都視謝文洊為師，但因謝文洊固辭，只好紛紛將子孫送至文洊門下求學。南豐縣令張繡鑑即稱讚道：

> 南豐一令，但得見秋水先生為幸耳。〔註15〕

繡鑑稱讚文洊才識淵博，無論曉夜皆孜孜不倦於治學，並以孔孟之道、程朱之學為依歸授徒講學，故西江言理學者，必首推謝文洊為正宗。

　　謝文洊於程山學舍，除了偶爾出外訪學會友外，絕大多數的時間都在著書立說與授徒講學。文洊所著有《學庸切己錄》、《讀易緒言》，編訂《左傳濟變錄》，以及刪訂《七克易》，皆為此時期的代表作。其中《學庸切己錄》為文洊闡發程子「主敬」之宗旨著作，自四十一歲起草，至五十歲完成，其每寫一章皆精思數日，甚至一個月才成稿，著書用功之勤可想而知。至於思想學說方面，文洊則對劉宗周和薛瑄的理學思想頗為讚同，其不但推劉宗周為明季理學第一，亦稱讚薛瑄說道：

> 白沙之學所得為深，然其流為禪也，亦易惟薛文清至當無弊，以其
>
> 不失程、朱範圍故也。〔註16〕

〔註14〕見謝鳴謙《程山謝明學先生年譜》收於《年譜叢刊》73 冊（北京：北京圖書館出版社，1998 年），頁 266～267。

〔註15〕見謝鳴謙《程山謝明學先生年譜》收於《年譜叢刊》73 冊（北京：北京圖書館出版社，1998 年），頁 274。

〔註16〕見謝鳴謙《程山謝明學先生年譜》收於《年譜叢刊》73 冊（北京：北京圖書館出版社，1998 年），頁 273。

謝文洊認爲：薛瑄以維護程朱理學的正統地位出發，克服朱學弊端，並發揚理學，可說是明代著名的理學大師，從此以後只要論及學術，必首以薛瑄的理念爲準則，推其爲程朱學脈正宗。

　　謝文洊外出訪友，則與易堂魏禧、髻山宋之盛過從甚密，彼此時常相聚一堂談學論道、授徒會講，時人並稱爲「江西三山」。易堂、程山、髻山這三個團體學術往來密切，而交流方式大致經由兩種途徑，第一種是以書信文章往來觀摩論辯，如魏禧〈復謝約齋書〉曾曰：

　　　尊作〈會講〉一篇，弟以性命之學，未嘗用功，不敢妄加丹黃中，或
　　　一字一語，謬爲訂正。〈紀侯去國〉篇，議確文暢，具詳評語中。《日
　　　錄》一册奉正，乞先生暨諸同學，細爲指摘，覓寄新城可也。〔註17〕

文中可見兩人交往模式，〈復謝約齋書〉是魏禧針對謝文洊和彭士望兩人對「經義氣節」和「刑名才智」的不同觀點，而提出折衷二者的意見。

　　三山的第二種交流模式是會講，也就是學術聚會、學術討論或會同講學，其內容包含各式各樣的學術爭論和討論。〔註18〕康熙四年（1665），謝文洊、魏禧，以及宋之盛在程山學舍大舉講會，三人以書論學，廣論程朱理學、識仁說辯，以及儒禪差別，當時舉會甚大，聽者、弟子甚眾。據《清儒學案小傳》云：

　　　南豐謝文洊，講學程山，星子宋之盛，講學髻山，弟子著錄者數十
　　　百人，與易堂相應和，易堂以古文實學爲歸，風氣一振。〔註19〕

《儒林傳稿》亦記載：

　　　時寧都易堂九子，節行文章爲海內所重，髻山七子，亦以節概名，
　　　而文洊獨反己闇修，務求自得。〔註20〕

由上可見，謝文洊的理學、魏禧的經術，以及宋之盛的氣節，三派風氣亦趨鼎盛，並時常相聚一堂會講論道，進而被推稱爲著名的「清初西江言理學派」。

〔註17〕見魏禧〈復謝約齋書〉《魏叔子文集外篇》卷五。收於《清代詩文集彙編》92
　　　册（上海：上海古籍出版社，2010年），頁144。
〔註18〕參考李才棟〈明代江西書院的講會與會講〉《江西古代書院研究》（南昌：江
　　　西教育出版社，1993年10月），頁318～319。
〔註19〕見周駿富輯《清儒學案小傳》卷三。收於《清代傳記叢刊》第5册（臺北：
　　　明文書局，1986年。本書據徐世昌纂清儒學案中傳記資料彙集成編），頁429。
〔註20〕見阮元《儒林傳稿》卷一〈清嘉慶刻本影印〉。收於《續修四庫全書》史部傳
　　　記類537册（上海：上海古籍出版社，2002年），頁11。

　　當文洊五十五歲時，因其處事要求切身實踐的方式；治學追求道統本源的態度，首次被王弼侯推讓爲舉會主講，可說是登上學術領域的高峰，程山之學爲之大盛。宋之盛亦歎道：

　　　　不到程山，幾乎枉過一生矣！〔註21〕

可見當時四方遠近學者，皆無不知程山謝子之學，謝文洊的名氣已無人不曉。

　　三山雖然學術歸趨稍異，但頗能互相擷長補短，以程山學舍所訂的章程來看，謝文洊原先擬訂的「程山七矩」，曾交給魏禧鑒定，經魏禧刪削增補校訂後，於康熙六年（1667），著名的〈程山十則〉刊行於世。所謂的〈程山十則〉，主要是謝文洊以躬行實踐爲主軸，開展出篤躬行、識道本的思想論述。〈程山十則〉條目陳列如下：

　　　　一、辨喻以定志。二、實踐以立基。三、奮厲以去習。四、堅苦以
　　　　礪操。五、繹理以養心。六、讀史以致用。七、勤講以精義。八、
　　　　簡事以專功。九、自反以平謗。十、相規以有成。〔註22〕

〈程山十則〉大致上以躬行實踐爲主軸探討，但其中「讀史以致用」則不盡然完全如此。其內文曰：

　　　　經世之術，濟變之方，莫備於史，讀史者須別其是非，究其利弊，
　　　　通其時勢，坐可言，起可行，方謂有用之學。〔註23〕

此內文復見於魏禧《左傳經世鈔》一書的〈序文〉中，故可印證此條目即爲魏禧囑咐謝文洊修訂增加的條目之一。

　　由上可知，易堂重視史學與經世致用的學風，對以謝文洊爲首的程山學派，產生間接的影響力，而文洊身爲著名的教育實踐者，其思想亦是相當多元且蘊含意義，至此以後〈程山十則〉，即引申爲謝文洊教育思想的基本準則。

四、暮年時期（五十九歲至六十七歲）

　　謝文洊學道三十年，暮年尤以養心爲學，其學徒益盛，南城章愷和劉良、宜黃鄒鳴昌、新建蔡景定、南昌胡瑛日、新城吳搏、廣昌黃建、崇仁陳體元，後皆紛紛慕名而來執贄文洊。康熙十三年（1674），由於避亂，文洊開始在良籌山講學，讀孫子兵書有感，取其要語爲綱，編訂《兵法類案》，蓄德爲

〔註21〕見謝鳴謙《程山謝明學先生年譜》收於《年譜叢刊》73 冊（北京：北京圖書
　　　　館出版社，1998 年），頁 281。
〔註22〕見徐世昌《清儒學案》卷十八（北京：中華書局，2008 年），頁 755～756。
〔註23〕見徐世昌《清儒學案》卷十八（北京：中華書局，2008 年），頁 756。

用。隔年（1675）九月，南豐縣城被兵亂所破，程山學舍亦毀於兵火。即使如此，文洊依然持續訪友會學，著書從不怠惰，《大臣法則》即為此時期之作品。

康熙二十年（1681），謝文洊身染重病，遂返回南豐縣城，依舊抱病著書。康熙二十一年（1682）五月，文洊已知生命將盡，為學仍不稍輟，乃撰墓誌銘，自述生平梗概，兩旬後便溘然去世，卒年六十七歲，卒後門人私謚為「明學先生」〔註24〕。

如果將謝文洊的生平分為前、後兩期的話，那麼前階段主要是其求學的草創時期，謝文洊由務舉業而入禪，再由入禪而習儒，後又由崇奉陽明轉而師承程朱，雖然經歷過程頗多曲折，但其卻能不斷地自我完善，使治學日精月進；後階段則可說是其治學的興盛時期，通過長期的教育實踐和著書立說，奠定「程山謝子之學」。據《文獻徵存錄》記載：

　　西江言理學者，至於今不絕，文洊之力也。〔註25〕

表示西江言理之學，留傳至今且不誤入歧趨，乃是謝文洊的功勞，可見其對於學術界的影響深厚。

總括謝文洊的著作有《學庸切己錄》、《講義》、《日錄》、《文集》、《詩集》、《讀易緒言》、《養正編》、《風雅倫音》、《左傳濟變錄》、《初學先言》、《程門主敬錄》、《大臣法則》、《兵法類案》、《大學稽中傳》、《七克易》。其內容包括理學、教育、倫理，史學、軍事學、文字學……等方面，涉及層面甚多，亦可窺知謝氏學識的廣泛淵博。

謝文洊為學謹嚴，踐履篤實，素以經世濟用為準則，以切己務實為根本，以「畏天命」為宗旨，以誠為基點，以識仁為依據，以主敬為功夫，以程朱之脈為歸宿。現於南豐鄉賢祠、嘉禾書院，以及盱江書院，皆俱享後人崇祀。

〔註24〕見謝鳴謙《程山謝明學先生年譜》載：「弟子議，私謚曰：明學夫子，議曰：孔孟之學，至宋程朱而益明，近代薛胡數君子繼之，然而二氏之說功利之習中于，人心為世道之害，終不熄也，吾師程山謝先生，生於僻壤蚤，厭舉子業，參究佛書有所得，賴天誘其衷，返悟聖學，一宗程朱三十餘年，潛心肆力體認，則極其深沉踐履，則極其篤實辨異端，則毫釐畢析闢俗學，則源流一清，其為己與誨人也。」收於《年譜叢刊》73冊（北京：北京圖書館出版社，1998年），頁305。

〔註25〕見錢林《文獻徵存錄》卷六〈清咸豐八年有嘉樹軒刻本〉。收於《續修四庫全書》史部傳記類540冊（上海：上海古籍出版社，2002年），頁249。

程山謝明學先生年譜

　　程山謝明學先生年譜，首由其玄孫謝鳴謙所初編，筆者嘗試將此年譜所錄，增加江西地方縣志所載，以及其弟子甘京親炙錄所記，透過以上三者統整後，並經詳細比對整理、刪校補編而成——謝文洊生平年譜，以補足謝鳴謙所編年譜未錄之不足。

　　以下爲謝鳴謙年譜序言：

> 志學一書，孔子自譜其年，即後人年譜之權輿也，至於祖述憲章，厥孫隆之尚矣，嗣是若述德，詩若祖庭記，所以追美其前，蓋津津焉。維予小子生高祖之後，三十有三年，懿行休颰藐矣，從遺書得其大署，又反覆衍溢，於所謂日錄草者，合以祖父之傳聞，庶幾十獲七八焉，於所不得詳者則闕之，蓋愼之也，輯年譜。

謝文洊

　　先生諱文洊，字秋水，號約齋，晚又號顧菴，姓謝氏，世爲江西建昌府南豐縣人，講學縣城西程山，世稱「程山先生」。

明萬曆四十四年（1616），丙辰，先生一歲。

　　秋八月癸亥，先生生於南豐縣大井里。

　　先生始遷祖宋宏詞科，諱堯仁字夢得，與其子諱驛字處厚者，俱有詩名，載閩書福建，諸志由孝宗淳熙間遷於南豐市山，孫諱之純，曾孫諱師聖，中理宗開慶進士，仕福建松谿令行業，見江西各志傳，十四世爲先生曾祖，鄉飲大賓，諱昇，十五世爲先生祖，縣文學生，諱廷用，十六世爲先生父，太學生，諱天錫，元配氏揭，無子卒，繼室氏何，生先生。

萬曆四十五年（1617）丁巳，先生二歲。

萬曆四十六年（1618）戊午，先生三歲。

萬曆四十七年（1619）己未，先生四歲。

萬曆四十八年〔註26〕（1620）庚申，先生五歲。

　　先生幼即喜行禮，不爲群兒戲。

明天啟元年（1621）辛酉，先生六歲。

〔註26〕明萬曆四十八年，八月以後爲明泰昌元年。

天啟二年（1622）壬戌，先生七歲。

先生入小學。

太夫人禮塾師，隆敬早晏，寒暖無少疏怠，每諸子自塾歸，必示以，某可爲式，某可爲戒，至孝親敬長，睦兄弟之誼，尤諄諄訓勉不倦。

天啟三年（1623）癸亥，先生八歲。

天啟四年（1624）甲子，先生九歲。

天啟五年（1625）乙丑，先生十歲。

天啟六年（1626）丙寅，先生十一歲。

天啟七年（1627）丁卯，先生十二歲。

明崇禎元年（1628）戊辰，先生十三歲。

先生作〈太夫人行狀〉云：

舅氏死，洊甫十餘齡，隨先母往，哭見先外祖覺菴先生，遺書中有與羅念菴〔註27〕、鄒爾瞻〔註28〕二先生書稿，洊愚不解，唯朱子晚年定論一冊，先母見洊翻閱不置，命持歸，洊自後雖習舉子業，理學一念耿耿不忘中得，自奮拔，皆先母有以啓之也。

崇禎兩年（1629）己巳，先生十四歲。

崇禎三年（1630）庚午，先生十五歲。

〔註27〕 羅洪先（1504～1564），字達夫，號念菴。江西吉水人。羅洪先是王陽明學派的重要繼承者和開拓者，其終日著書講學，於天文、地理、禮樂、典章、水利、邊塞、戰陣、攻守、陰陽、術數、無不精心探究，其將朱思本《輿地圖》加以改繪，取名《廣輿圖》，又性好佛，晚年在鼓山出家，法號念菴，有《醒世詩》。隆慶元年（1564）去世，卒後贈光祿少卿，諡文恭，著有《念庵集》二十二卷，《冬遊記》一卷。

〔註28〕 鄒元標（1551～1624），字爾瞻，號南皋。江西吉水人。明代東林黨首領之一，與趙南星、顧憲成號爲「三君」。鄒元標幼有神童之稱，九歲通《五經》，萬曆三年（1575）在都勻衛所（後改名南皋書院）講學。萬曆五年（1577）中進士，爲人敢言，勇於抨擊時弊，多次上疏改革吏治，因此得罪朝廷皇帝，所以屢遭貶謫，於是潛心鑽研理學，居家講學近三十年。著有《願學集》八卷、《太平山居疏稿》四卷、《日新篇》二卷、《仁丈會語》四卷、《禮記正議》六卷、《四書講義》二卷、《工書選要》十一卷、《鄒南皋語義合編》四卷。

崇禎四年（1631）辛未，先生十六歲。

　　娶夫人李氏尋卒。

　　李公自阜女善病，病且殆曰：「吾謝氏婦也，不廟見不瞑矣。」

　　先生聞，啓太學公親迎歸，七日卒，先生葬之如禮，待李戚有加，厚終其身。

崇禎五年（1632）壬申，先生十七歲。

　　繼室夫人蕭氏，為南城選拔，蕭公應呂女。

崇禎六年（1633）癸酉，先生十八歲。

　　有友論文而授餐者，為叔弟失禮去，先生方嘿然閉戶自責，已聞堂上怒聲，則太學公方索杖與弟也，先生跪曰：「長兄身教不謹慎，願先弟受杖。」太學公為霽顏兩釋之，友聞之曰：「非所及也。」

崇禎七年（1634）甲戌，先生十九歲。

崇禎八年（1635）乙亥，先生二十歲。

　　冬十月戊戌，子德宏〔註29〕生。

崇禎九年（1636）丙子，先生二十一歲。

　　附縣學弟子籍（督學使為平湖陸公錫明）。

　　是年太學公築學舍於廣昌縣香山，愛其形勢，自號「香山居士」，命諸子敬業其間。

崇禎十年（1637）丁丑，先生二十二歲。

　　夏六月丁未，子士騮〔註30〕生。

崇禎十一年（1638）戊寅，先生二十三歲。

　　寓香山。

崇禎十二年（1639）己卯，先生二十四歲。

　　寓香山。

　　秋九月，鄉試歸歎曰：「天下方亂，而求賢草率若此，非中興氣象也，吾不可以復矣。」

〔註29〕謝德宏，初名士騛，講學後改名德宏，字子實，晚號龐舟叟。德宏為人志意豪邁，魁顏多髯，每讀史書，有所不可輒，則拍案痛哭，終夜不寐，既仕途不遇，遂以醫遊於世，年七十八歲。著有《龐舟集》。

〔註30〕據《程山謝明學先生年譜》記載：謝士騮早卒，三歲即殤。

崇禎十三年（1640）庚辰，先生二十五歲。

　　寓香山。

崇禎十四年（1641）辛巳，先生二十六歲。

　　寓香山。

　　自己卯後，厭薄舉子業，與禪僧往來，至是見中原寇氛亂無所底，遂有出世之志。

崇禎十五年（1642）壬午，先生二十七歲。

　　寓香山。

　　夏五月，編輯《初學先言》成。

　　六月，先生舉子師李公淑旦〔註31〕（藩），揭友溯廣昌，邀赴鄉舉不可比，歸歎曰：「謝秋水見幾之哲，不可及也，蓋是科苟簡，又甚於己卯云。」

崇禎十六年（1643）癸未，先生二十八歲。

　　寓香山。

　　壬午以來，好大慧禪師〔註32〕書，參叩甚密，最後用工尤猛，一日午坐榻上，返叩靈根，忽然如鳥飛出籠在太虛中，屋捨身軀俱空，移時忽自念此境是好，便失之然，自是神氣清灑，異於平時。

　　夏六月戊辰，祖母王太夫人卒（壽八十有九），先生襄葬祭盡，哀盡誠服，除遇忌日，哀慕不御酒肉，或問祖忌之禮，於古未詳，先生謂祖母撫愛之思不忘，至日安可不變食。

皇清順治元年（1644）甲申，先生二十九歲。

　　寓香山。

　　春三月，寇李自成攻陷北京，崇禎皇帝崩，先生脫縣學弟子籍。

　　崇禎皇帝殉，社稷凶，問至先生，俯伏仰天大慟，啓太學公、太夫人，

〔註31〕李藩，字淑旦，江西南豐人。才高八斗，博學多聞。崇禎末年，其見時政貪弊，流寇紛擾，常藉由文章抒發胸臆，往往托風刺山，首倡千礛會，糾壯丁訓練，遂為鄉閭保障。

〔註32〕大慧禪師（1089～1163），俗姓奚，字曇晦，號妙喜，又號雲門，諡號「普覺禪師」。宋朝安徽興國人。其為南宋著名禪宗大師，楊岐派第五代傳人，提倡「話頭禪」，又稱「看話禪」，鼓勵學者起疑情，以疑情參究公案，而得到開悟。大慧禪師認為，修行必須在生活之中，反對遠離塵世，獨自修行，而禪宗楊岐派在他手上被推到最高峰，其禪法對後世禪宗和南宋理學，皆有深遠的影響。

棄諸生，皆泣而許之。

是歲讀陸子《象山集》，專志於儒。

順治二年（1645）乙酉，先生三十歲。

讀《象山集》。

秋九月辛未，太學公卒（壽六十有七），先是永寧王兵過南豐，舉家奔竄，
太學公遘疾，移至家一夕卒，時二十三日也，越七日永寧王兵敗返，暫
瘞太學公近郊，奉太夫人竄西鄉，方驚怖頃土，人慰勞殷勤，掃室供爨，
蓋邨人素德，太學公故也，然先生恒鬱鬱，終身以倉卒未盡禮爲恨。

先生或出，必奉太學公，小影晨昏，展謁色，笑藹然，忌日哀思，涕洟
至老不少，衰見於夢者十夕，而七○先生日錄書，夢甚詳清，警則加勉，
散則自責，眞所謂通乎，晝夜者也。

順治三年（1646）丙戌，先生三十一歲。

避亂居鄉。

讀王守仁《陽明集》，又讀王畿的《龍溪集》。

順治四年（1647）丁亥，先生三十二歲。

避亂居鄉，開始會友講學。

讀《陽明集》，深悔從前之謬是，多乃會同志友李仲闇〔註33〕（蕚林）、
曾若顯〔註34〕（有孚）、邵先士〔註35〕（睿明）、傅同人〔註36〕（與）、姚
繩武、揭白波、曾悅生〔註37〕（秉豫）、甘楗齋〔註38〕（京）、曾樵陽等，

〔註33〕 李蕚林，字仲闇，號深齋，江西南豐人。爲人規言矩行，其父喪侍母三年，
　　　　大小事必稟命、性情豪放，喜尋訪人才，收集遺書，愛好施與，濟人至傾
　　　　千金產，弗惜也，聞有才俊之士，常徒步百餘里以求，著有《深齋遺稿》
　　　　三卷。

〔註34〕 曾有孚，字若顯，江西南豐人。明諸生。其母愛好佛理，自母親去世後，多
　　　　以儒家禮處事。平生未嘗妄作文字，認爲古人著書立說，此理已明，當虛心
　　　　仔細繹取，以自淑足已。

〔註35〕 邵睿明，字先士，江西南豐人。明諸生。少勤學，爲入聰穎，好翻閱理學諸書，
　　　　尤其留心於《小學》、《性理》之書，長大成人後便刻意勵行，曾傾產爲脫兄難，
　　　　山居講學不立門戶，以爲道本至公無我，豈容自私以成狹小，遂自號宏齋。

〔註36〕 傅與，字同人，江西南豐人。明諸生。謝文洊嘗和其講學，後及程山門，著
　　　　有《禪根論》，文洊改易之，並著錄於《謝程山集》中。

〔註37〕 曾秉豫，字悅生，號嚴齋。工詩琴，精技擊。自幼與兄秉乾相親友愛，奉母
　　　　譚氏守節北堂四十六年，母歿兄弟哀，毀骨立廬墓蔬食。秉豫因講求方書，
　　　　著《傷寒輯》要行於世。

講論良知之學。

順治五年（1648）戊子，先生三十三歲。

避亂居鄉。

是歲舉會最密，每朔望大會，說到痛快處，諸後進有面赤者、色沮者，機興亹亹者，書課中有痛悔極艾者。

周仲謙（道新）入會。

先生於會中，最服傅同人，謂其見地超卓，膽力俱到，吾儕罕見其儔。

順治六年（1649）己丑，先生三十四歲。

避亂居鄉。

春三月，大會於了溪，又大會於新城縣神童峰，新城吳一焉（伯）王聖瑞、鄧元白（玉）入會，王聖瑞精於羅整菴〔註39〕《困知記》，力闢陽明，與先生爭辨屢日。

傅同人作〈禪根論〉，先生謂大體規模，亦吾儒正理，但文字奇幻過於楞嚴，又謂其辨禪太急，務爲安頓，有強探力索之象，而無寬舒融釋之意，乃爲改易之。

是歲於明道敬字有理會。

是歲願居門墻者眾，先生皆固辭，一爲師道等於君父，潦草奉師是爲褻道，一爲己當培植深厚，沛然有餘乃可爲師，不然則是道德中之功利。

按：詳閱傅同人〈師說〉。

順治七年（1650）庚寅，先生三十五歲，

奉太夫人歸祖居。

乙酉變後，義兵群盜並起，連年轉徙。是歲金聲桓、王得仁，餘孽猶伏，莽竊發煆源頭草堂，乃奉太夫人，歸大井里祖居，時先生更病目，李淑

〔註38〕甘京（1622～1667），字楗齋，原名鵬舉，字上卿，江西南豐人。初爲諸生，期望有濟於世，後棄舉業，專心著述，與同邑封濬、曾曰都皆師事謝文洊講學程山。著作有《通鑑類事鈔》一百二十卷、《軸園初稿》、《軸園稿》共十卷、《軸園不焚草》二卷、《無名高士傳》一卷。其中《軸園不焚草》爲艾剩之作。另有《家禮酌宜》和《了溪家譜》等著作。

〔註39〕羅欽順（1465～1547），字允昇，號整菴，諡文莊。江西泰和人。爲明代知名的哲學家、儒學家。明代中期，和王陽明分庭抗禮，對陸王心學的態度是批判反對。其晚年潛心格物致知之學，繼承並改造朱熹的格物致知說，年八十三卒，著有《困知記》、《羅整菴存稿》、《羅整菴續稿》等。

行來後，曰：「秋水此時絕不要動念，方是工夫。」

先生曰：「己實不德，天降之罰不勝悚懼，安得不動念乎。」

按：先生避亂，無定處可考者，源頭遭火者，二可考者是年。

順治八年（1651）辛卯，先生三十六歲。

作〈舉過箴〉、〈受過箴〉，每會講畢誦之。

是歲始得《困知記》，讀之不合。

順治九年（1652）壬辰，先生三十七歲。

教授於果育齋。

春三月，女孫生。

友人曾秉豫稱弟子。

夏，甘棳齋爲西鄉饑民請賑，活民命頗眾，先生規以立顏子之志，有善勞消，去伐施，功夫方是爲己也。

秋九月，大會於肆，應嚴謝退思（進）入會，南城章宏自〔註40〕（愭）、劉子淳（良）入會。

曾樵陽癖於禪，先生自戊子與之朝夕講論，終不合，至壬辰一日，作書絕之，或疑爲過峻，先生曰：「學術所關，不得不爾。」

順治十年（1653）癸巳，先生三十八歲。

歲居南邨。

友人周道新稱弟子。

曾樵陽死，先生弔焉。

順治十一年（1654）甲午，先生三十九歲。

始館程山，顏其堂曰「尊洛」。自署曰「約齋」，作〈約齋銘〉。

緝《程門主敬錄》。

夏五月丁巳，長孫修振〔註41〕生。

同堂謝退思，於先生爲大父行，願居門下，引王文成待其叔祖克彰例，

〔註40〕章愭，字仲實，江西南城人。明諸生。生卒年均不詳，約明毅宗崇禎末前後在世，隱居葦子岡，灌園養母，與謝文洊論學最有針芥之投。章愭好讀史、衡論精審，常發前人所未發。著有《二十一史童觀集》、《閱史偶談》，及《清史列傳》傳於世。

〔註41〕謝修振，字宜爾，江西南豐人。謝文洊孫，以文章名海內外，著有《寫心軒集》。

家廟敘叔姪講堂行師弟子禮，先生不從而進心師之，每稱必曰先生。

順治十二年（1655）乙未，先生四十歲。

居西郭。

評次《風雅倫音》畢。

冬，往寧都，訪易堂諸友。

順治十三年（1656）丙申，先生四十一歲。

居西郭。

教授新城、梅源，主人吳一焉，遣五子受學，屏絕舉子業。

春正月，友人甘京稱弟子，先是先生講學，邑人頗訕笑，自經師封濬、進士黃熙及老友甘京折節後，群議稍息，從遊者日眾。

夏閏月大水，西郭田園居室，書籍什物壞，先生得報甚驚，以家人無恙稍慰，既聞傷稼過多，終夜不寧。

秋七月，《大學切己錄》成。

八月庚寅，望次孫修擴〔註42〕生。

九月作〈誠說〉。

讀《薛文清集》，稱其平正切實，又極精微，讀《李寅青集》，稱其博大而精，有生不同時之恨。

順治十四年（1657）丁酉，先生四十二歲。

春，教授梅源，三月歸。

夏四月，徙居程山。

五月禱，先生每遇旱，必蔬食齋戒，朝夕禱，旱荒則減餐啜粥，有餘則糜粥以食饑者。

六月，訂李寅青〔註43〕（經綸）《大學稽中傳》，先生謂此書精穩，但稍有字句之累，故為訂之。

是歲讀《困知記》契合，自是日析禪學之弊，一宗程朱學派。

〔註42〕謝修擴，字克之，江西南豐人。謝文洊孫，修振弟，誠篤奉祖以居，二十餘年未嘗有過獨，其篤學為彭躬菴、甘檉齋所讚許。晚依山築小室，名曰「祖軒」，歌詠以終老，著有《祖軒詩集》、《祖軒文集》。

〔註43〕李經綸（1507～1557），字大經，號寅青。江西南豐人。明代諸生。讀書好深思，品德純正，以理學自負，鄉舉時，上書當道，要求以禮待士，不被採納，遂棄科考，精心著述。

順治十五年（1658）戊戌，先生四十三歲。

居程山，始拈畏天命爲宗旨。

春正月，李璧〔註44〕及門，璧李公淑旦子，先生講學，公手書往復，後欲反師，先生引南大吉，師王陽明、羅近溪〔註45〕，師胡宗德例，先生固辭，欲逃入深山，乃以璧爲托，至是璧奉遺命執贄。

二月，寧都彭中叔〔註46〕（任）來同堂。

夏五月，見崇禎皇帝御書詩，拜哭。

順治十六年（1659）己亥，先生四十四歲。

居程山。

春正月朔，湯適〔註47〕（後改名永誠）及門，適大司馬來賀〔註48〕（惕菴）子，來賀十年長，每過程山，退然如不及，致書曰：

> 先生賀之師，非賀之友，本宜執贄北面，但不能日侍函丈，而空書
> 一束，恐流於浮慕，是以次且未敢，乃以適受業。

夏四月，徙居。（居不可考）

日記云：

> 讀整菴集，論禪處極其透徹，從來諸儒未曾發明至此，此書初讀不
> 覺其好，久之愈讀愈妙。

〔註44〕李璧，字只操，李公淑旦子，工於詩，慷慨食貧，有父風。

〔註45〕羅近溪（1515～1588），又名羅汝芳。江西南城人。明代著名的思想家，萬曆十六年（1588）逝世，享年七十四歲。

〔註46〕彭任（1624～1708），字中叔，又字遜仕，號「草亭先生」。江西寧都人。明諸生，文學家，卒年八十四。著有《草亭文集》、《周易解說》等書。

〔註47〕湯永誠，字若人，號雲鶴，江西南豐人。明廕生。爲湯來賀長子，八歲能爲時文，後棄去隨父偕隱，講求經史、古今治亂議論，悉有根柢，文宗歐陽，詩宗陶、謝，尤留心忠臣孝子，表揚至行，詳確不誣。著有《雲鶴亭集》六十卷。

〔註48〕湯來賀（1607～1688），原名湯來肇，字佐平，號惕菴，別號主一山人，世稱「南斗先生」。江西南豐人。湯來賀教學，重在「躬行」，秉承程朱遺旨，並親立《白鹿洞書院學規》，明朝滅亡後，湯來賀克守名節，嚴詞拒絕，從此以後其隱居鄉里不問外事，潛心於著述。先後完成《鹿洞邇言》、《廣陵敬慎錄》十二卷、《廣陵欽恤錄》十二卷、《粵東鄉約全書》二卷、《粵政蕘草》六卷、《奏議存草》、《評點孟學》七卷、《評校呂公實政錄》二卷、《養蒙母音》、《評校政治盡心錄》二十卷、《閨訓邇言》、《廣陵粵東政備》十四卷、《居恒語錄》二十卷、《內省齋文集》三十二卷、《都禦史周定礽傳》等宏篇巨著，文名遍天下。

又云：

> 白沙之學所得爲深，然其流爲禪也亦易，惟薛文清〔註49〕（瑄）至
> 當無弊，以其不失程、朱範圍故也。

順治十七年（1660）庚子，先生四十五歲。

館於家。

此歲日錄草失。

順治十八年（1661）辛丑，先生四十六歲。

館程山。

舊令榆林張公曲江〔註50〕（蕭鑑）求見，許之曲江退，謂人曰：「南豐一
令，但得見秋水先生爲幸耳。」

清康熙元年（1662）壬寅，先生四十七歲。

館程山。

春三月，甲戌朔，李仲闇卒，臥疾時猶問程山：

> 有隣室可借否，我當移榻其中，即於謝先生處執贄講易，此念自戊
> 子積誠至今。

先生當鑒之，至是卒，先生哭之慟。〔註51〕

夏五月，張令將歸，奉家傳，元人所繪孔聖像，拜納程山曰：「此像惟先
生得而拜之，蕭鑑不敢私也，請以歸程山。」自是先生每早肅揖，懸諸
尊洛堂前，設紙帳，朔望及會講日，率弟子啓帳，焚香四拜，乃登講席，
先是亦拜書紙橙耳。〔註52〕

六月，友人曾有孚稱弟子，自云：

> 讀廣土眾民章，講義有省，特來納拜。

〔註49〕薛瑄（1389～1464），字德溫，號敬軒，諡文清。山西萬榮人。明代著名的理
學大師，河東學派的締造者，從維護朱熹理學的正統地位出發，克服朱學弊
端入手，發揚理學，對朱熹理學進行卓有成效的批判改進。其主要著作有《文
集》、《讀書錄》、《理學粹言》、《從政名言》、《策問》、《讀書二錄》等。

〔註50〕張蕭鑑，字曲江，延安衛歲貢。順治十五年出任南豐縣令，講求治豐七事。
其作詩、古文名，下士交相傳誦。

〔註51〕據《程山謝明學先生年譜》記載：謝文洊作〈深齋行狀〉獨未載此，恐涉誇
張也。

〔註52〕見甘京〈親炙錄〉《謝程山集》附錄一。收於《四庫全書存目叢書》集部別集
類209冊（臺南：莊嚴文化事業有限公司，1997年），頁324。

先生以老友不敢當，堅卻之不聽，恐拂其誠遂受。

多十月，作《講義・孔子曰君子有三畏章》，於香山與僧麗中（朱宏庸魯藩孫）論性，作〈香山論性商語〉。

十一月，送別麗中，麗中囑先生，將《先儒語錄》從頭訂正，以成理學全書，答云：「此事自揣，亦可任得，所歉者，力行未到，不足取信於後世耳。」

康熙二年（1663）癸卯，先生四十八歲。

館程山。

春正月，廣昌丁誠叔〔註53〕入會，先生甚喜其氣魄可任道，明年秋，誠叔卒，先生甚哀之。

三月，刪校《西學七克》畢，名曰《七克易》，《日錄》云：

> 此番刪校七克，彼教陋處俱已別盡，存者俱切實格言也，置之案頭，
> 可以為刮骨洗髓之劑。

復校《初學先言》畢。

讀劉念臺〔註54〕（宗周）年譜，推為明季理學第一。

有以講學號召，議先生者同堂，或為戒心，先生曰：「小小利害便如此，平日講學何為？」或猶不釋，先生曰：「吾知善道耳，即有禍害不至辱也，然我輩固窮，講學人何惡焉？」久之議亦息。〔註55〕

夏四月，欲作《講義・魯平公將出章》，覺欠含容，遂作〈司馬牛問君子章〉。

六月，養疴於杏山，自謂人跡杳絕，萬山歸寂之際，時有珠泉一滴相報。

〔註53〕丁誠叔，廣昌人。氣質篤厚而達於事體，與李莃林、謝文洊講明義理之學，最嗜《程門主敬錄》。為人機智義勇，當寇踞陽石，害及郡縣，誠叔稔悉賊情，乃議聯絡鄉勇，富者效貲；貧者致力；智者出處，而董其事於官民，才得以保全家室及郡守。

〔註54〕劉宗周（1578～1645），初名憲章，字起東，一作啓東，號「念臺先生」。浙江紹興人。門人私諡「正義」，清時追諡「忠介」。書院講學於蕺山，學者尊稱為蕺山先生。其著作甚多，內容繁複且龐雜，有《劉蕺山集》十七卷，及《劉子全書》、《周易古文鈔》、《論語學案》、《聖學宗要》等。劉宗周開創蕺山學派，此對中國思想史和儒學史影響很大，其學說具有承先啓後的作用，擅於對程朱和陸王的學說進行篩選，藉由獨立思考和學術活動，完善自己的哲學思想。清初大儒黃宗義、陳確、張履祥等都是這一學派的傳人。

〔註55〕甘京《親炙錄》誤作壬寅，謝文洊《日錄》加以改正。

秋九月，復校《大學切己錄》畢。

冬十月，黃弼侯（扉）入會。

十二月己未，仲弟文波卒〔註56〕，盛寒，季弟文渶進酒，先生飲數杯，書之《日錄》，寧都邱而康〔註57〕（維屏）閱課評云：「期喪變食，而飲酒大非禮。」時而康方擬過程山，先生意待而康來，拜其直諒。

康熙三年（1664）甲辰，先生四十九歲。

館程山。

春，與劉二至（凝）論西學，往返數四，痛闢之。

冰叔〔註58〕以書來論先生，似未受過，先生啓書涕泣，自勒數語揭之壁間，以告同堂更作書謝冰叔、而康，冰叔〈與甘京書〉云：

> 程山先生樂善受過，使我感激涕零，即以束札，顯示諸子使益有興起。〔註59〕

二月，魏冰叔〈札〉云：

> 先生之學，其施於用者，可以涵養君德，蒸陶人才，然涵養蒸陶中，亦當有作畧，如伊、周、孔、孟，其致君之術，自有一手把握得定處，非徒積誠以格心而已。

書曰，作〈新民註〉曰：

> 鼓之、舞之、之謂作教養人才，亦非獨蒸陶之功也，蓋言學於今日，當有以救古人之弊而作，今人之信者，願先生於此更加意。

先生云：

> 叔子此言，可謂痛切，予於開諭，則不無於勸懲，則甚疏作人，無勸懲猶之，治民無賞罰，將何以行，然謂洊可以涵養君德，蒸陶人才，洊仍不足以當此，今以洊自信，有安定魯齋，其人主於太學，

〔註56〕甘京《親炙錄》誤作壬寅，謝文洊《日錄》加以改正。

〔註57〕邱維屏（1614～1679），字邦士，號慢廡，一作漫無，江西寧都人，明諸生，易堂九子之一，人稱「松下先生」。維屏生性靜默，與人相對可數日不發一言，若談起學問則日夜之不倦。其爲學識淵博，中西兼通、文理兼長的學者。

〔註58〕魏禧（1624～1681），字叔子，又字冰叔、凝叔，自嫌躁進，欲求寬裕，乃號裕齋，江西寧都人，明末諸生，明亡後不仕，隱居翠微峰，其所居地名爲勺庭，亦號「勺庭先生」，又以齋號易堂，人稱「易堂先生」。魏禧文章重氣節，束身砥行，有凌屬雄傑、剛勁慷慨之氣。散文作品，文筆簡煉，敘事如繪，內容多表彰民族大義，敘事簡潔，又善議論，指事精切。

〔註59〕甘京《親炙錄》誤作癸卯，謝文洊《日錄》加以改正。

以洊爲齋長，循其成法爲之，疏附後先，或可以稱其職耳，自信學
術雖是孔、孟、伊、周，但生質頑劣，向道又遲，氣體蚤衰，不能
實造其境，聞老友言，敢不益自策勵！

秋八月，拜甘京所摹，明太祖像哀惻。

論有明學術，推薛文清入手，歸宿果是程朱正派，不得以落禪議之。後
來諸公能免此議者少，平心觀之，亦最易見，但苦好高者多，平心者難
得耳。

九月，彭中叔來同堂，與之簡點餘姚類禪處，中叔悅服。

冬十一月，叔弟文澂病，先生視病，凡一月未安寢。

十二月壬申，大雨雪，改葬太學公於廣昌香山，又葬仲弟於本邑戊坑，
誠敬勞苦，貌爲頓老。

康熙四年（1665）乙巳，先生五十歲。

館程山。

作〈識仁說辨〉。

夏四月乙丑，星子髻山宋未有〔註60〕（之盛）來訪，兩山以書論學有年，
至是各質所懷。論程子識仁、儒禪差別、程朱學脈，及無善宗旨有弊，
俱契合。

戊寅，時魏冰叔館新城，走百二十里赴會，舉會聽者甚眾，程山之學於
斯爲盛。

辛巳，髻山歸，歎曰：「不到程山，幾乎枉過一生矣。」

按：此會三山畢至，爲當時最盛之舉，髻山編次程山問答刊行，其時
精義已無遺漏，但學者仰諸先生如山斗，一言一動皆可師法，敬閱先
生《日錄》，尚有十數條爲學者所願聞，而髻山所未詳者，因備錄於下。

丙寅，髻山投贄，行士相見禮○論祀，先師禮樂及歌詩節奏。

丁卯，復髻山禮，諸友云：

須造髻山用贄，此時在本堂，似不宜用贄從之。

〔註60〕宋之盛（1579～1688），字未有，星子人，少孤，事兩兄如父，以授經自給，
因居匡山下白石村，人稱爲「白石先生」。宋之盛當屬「髻山七隱」中名氣最
大，成果最豐者，其以「明道」爲宗，以「識仁」爲要，對佛、老二氏的微
言奧旨，皆能抉摘異同，形成其理論見解，於是被學者稱爲「髻山先生」，其
與南豐講學的謝文洊相交甚契，並有時名。

己巳，髻山閱先生《講義》，會語敬服。

庚午，髻山評閱《切己錄》，較正七段從之，○閱髻山《日錄》，每日揖下注念字，食下亦注念字，不解，髻山云：

> 揖時念是念天地君親師，食時念是念先朝不血食，○論出處，大義當艱難處，最要斟酌，又要明決，此須熟籌於素臨期，稍一差池，便莫可挽救。

辛未，望行堂禮髻山，居兄大祥室中，涕泣不預行禮，卻酒肉。

壬申，髻山錄歌詩，法見示○臥，時黃熙問髻山學術，先生云：

> 髻山論識仁一段話，體認細微貼切，真得程子血脈。

癸酉，髻山謂先生當立定一規矩，令學者自晨至夜有所持循，先生云：

> 友人俱散處，又各有當務，難作一定之格，若欲立格，還當共商，在家應務當如何？在館授徒當如何？出外行遠當如何？於不齊之中，作齊一之格方可。

甲戌，劉子醇來赴會，○湯慈璜（仲呂）問律，仲呂及星次髻山，一一剖晰，先生服其考核。

乙亥，髻山云：

> 看書不可立定，要發古人未發，如此則心便不平，氣便不和，窮理必不得，當文人氣習，每立論便要勝人，便要翻案，不如此，便覺文字不精彩。

又云：

> 日錄原為省察工夫，不可只是立論。

又云：

> 冰叔〈石碏論〉禁，厚不可，之後碏已堅辦，一片殺子之心，而不幾微露於形迹，此等處太喜，作用讀之，不覺心痛，○看書有疑處。

髻山云：

> 先生當存我說，我亦當存先生說，彼此體會，俟再晤時，又得相訂，先生謂凡見有未合處，須是如此，○髻山論友道兄弟，人古亦無此，冰叔欲行此禮，未敢遽遵。

先生云：

冰叔傷今日，友道之薄，須自我輩特加，振起行之久，令人顧
名思義，情誼日益厚，先生慎重於前，固是見得久要之道，當
審己審人，不宜輕易，然冰叔之意，亦非因，仍苟且也。

丙子，魏冰叔來赴會。

丁丑，冰叔示〈限田論〉〈正統論〉，〈正統論〉反復詳密，覺歐、蘇
甚疎，〈限田論〉亦周到，然還須與眾商量。

戊寅舉會，先生請髻山主講，再三謙讓，先生舉識仁為問，髻山始
肯闡發。

○冰叔云：

與學者論，不必便說到性命精微，只當就日用常行說為是，如
孔子對門人在在平實，至宋儒便闡發過精微矣。

先生云：

此固是，但時至如今，人心盡發洩，亦渾涵不得，即如子思作
中庸，亦是慮及後世異端之學，最眩惑人，故不惜剖破，孟子
之時，有一告子，又焉得不與之明辨。

先生問：

學者境遇煩苦，缺卻涵養，并讀書窮理，亦無暇奈何？

髻山曰：

涵養不可少，窮理則須是隨分講究。

先生曰：

非但讀書，即遇事便與朋文熟商，是亦窮理，雖不得靜坐涵養，
只言動之間，加意安詳和緩，是亦涵養。

髻山深以為是。

髻山作詩留別：

望嶽尊所自，於今識程山，程山坦如地，忘高絕躋攀。相與悼道
喪，無善作之俑，承衣矜別傳，流風成敝筍。先生振其頹，三變
學彌醇，醫精於折肱，用以起吟呻。時務本分事，失手落機械，
五穀寧遲熟，動色戒稗莠，團坐春風久，及門多我師，愛看眾峰
好，本此一峰為。魏子再三歎，比於鵝湖聚，鵝湖有鑿柄，程山
投水乳，非敢苟為同，天命原則一，畏天知昭事，尊洛詎意必，
自恨問津晚，道里阻且長，願言共叱馭，群賢力方剛。

先生贈別髻山詩：

> 高臥匡山麓，濯足鄱湖涘，崒嵂浩蕩間，磅礴窺太始。欲從愧不
> 能，偉人來我里，積思始得慰，今久見宋子，如此宋子何，披胸
> 但自矢，廿載歷艱屯，僅得不異指。子先獲我心，向我悉舉似，
> 功力盡平生，揆一胡不喜。魏子至自黎，高談發經史，剖析愼細
> 微，古道見互砥。諸生仰德音，燕樂偕進酬，四座共惺惺，恭聞
> 識仁旨。荷香柳依依，生意具爾爾，程山一片石，光瑩拭自此。
> 舉目塵冥冥，仁者寧坐視，願賜瀚濯力，西江一湖水。

秋八月，寓香山，與中叔論象山學術，其鵝湖詩主腦亦不差，只掃學問處
太峻，當時二公肯平氣虛懷，甚不難合，以宗旨原無甚異，只谿徑稍不同
耳，總因二公英氣俱欠涵養，是以卒不得合，竟成千古話柄，眞恨事也。

九月，《中庸切己錄》成，自丙申起草，每一章精思數日或一月，至是成。

是年邑俗稍變，喪禮有不用巫，及鼓吹者眾，俱相安。

康熙五年（1666）丙午，先生五十一歲。

館良籌山螺巖。

春正月，書教子孫家法云：

> 以明經立品爲本，以讀史達才爲用，以醫業爲遊藝，以詩文爲潤澤，
> 能世守此，雖興隆有數，亦不至墜吾家風。

夏，南城黃采〔註61〕及門，采友趙中原（由汴），聞采執贄求見，願受業，
未及門卒，南城哭弔者千人，先生素知中原可任道，甚喜，及死痛惜之。

六月，購程山學舍，先是每歲僦館其中，至是易堂、程山諸同志購爲先
生講學所。按：林確齋〔註62〕（時益）、彭躬菴〔註63〕（士望）自壬寅有

〔註61〕黃采，字亮工，江西南城人。孩提時，大父訓以《小學》、《近思錄》，及聖賢
事蹟，輒忻然聽受，年稍文洊長，言動不苟，師事程山，篤志力學。

〔註62〕林時益（1617～1678），原名朱議霶，江西南昌人，爲當時著名的文學家、詩
人、隱士。明宗室益王後裔，原姓朱，名議霶，字用霖，一字作林，人稱「朱
中尉」，入清，棄原名改姓林，字確齋。時益自小聰慧，結交甚廣，慨然有當
世之志，以賢德聞名。

〔註63〕彭士望（1610～1683），本姓危，字躬菴，又字達生，號樹廬，明代文學家、
隱士，亦諸生，明末清初南昌人，後入寧都籍。其學說大抵以王陽明、羅洪
先之說爲主，致力於古文辭，尤精於《春秋》、《左傳》諸史，傾向實用之學，
講求反對空談，治學尤以躬行爲本，以「恥菴」名其堂，此「恥躬之不逮」的
自我期許。

是說，故墓誌從壬寅。

秋，崇仁阮天植及門，植初見即欲下拜，先生云：「凡客初會者，余皆以賓主待之，俟久看定，方肯領拜。」植云：「先生以書札教植三年矣，非初會也。」強拜幾下淚，先生受之。

康熙六年（1667）丁未，先生五十二歲。

館螺巖。

定〈程山十則〉刊行，初作七矩，至是定爲十則，舉《講義·畏天命章》同付梓。

多十二月，女孫歸於湯一德〔註64〕。

是歲邑俗大變，宴客皆從儉。

康熙七年（1668）戊申，先生五十三歲。

館獨舒巖〔註65〕。

是歲先生推黃弼侯主講。

夏四月，編次《左傳濟變錄》評論之。

著《讀易緒言》，《日錄》載，與李生其聰〔註66〕講易，輒聞幼生云：「今日初九，忽省本月，乾卦用事，而本日初九，偶爾開講乾卦，得非潛龍勿用，即予終身之占乎。」當日以文言自勉，後此書未成，終於謙卦。

秋八月，宜黃鄒明昌及門，明昌十年前來居弟子，先生以其成德之士，且年齒相若，堅辭不受，今復來執贄，先生見其積誠，重拂其意，遂領拜，然終以畏友待之。

九月，徙館程山。

多十二月，徙宅程山。

康熙八年（1669）己酉，先生五十四歲。

居程山。

仍推黃弼侯主講。

〔註64〕湯一德，爲謝文洊門人，湯其仁之子。

〔註65〕據《程山謝明學先生年譜》記載，此巖位於良籌山麓。

〔註66〕李其聰，字作謀，爲李芸林子，幼慧端重，寡言少笑，不事舉子業，徙程山和謝文洊學濂洛之學，嘗著史論，淋漓懇到，彭士望稱其爲人內剛外靜，魏禧謂其詩與論確有膽識，兩堂前輩皆對其頗有稱讚。李其聰與彭士望子厚德、謝文洊姪德贊交情甚篤。

春二月，有息於山嶺，而戀者謁見先生，先生方謝應酬，辭以出，且請寄崇真僧舍，翼日蹤跡之無，有已久之，致南豐遊記一篇，乃知爲吉水鄧勿非（任）也，備述向慕懇摯，獨身往返，冰雪中千餘里，幾道彊又不得晤，爲眾所訕笑，不敢尤之意，先生裁答感其誠，而憫其拙。

南昌彭躬菴（士望），卒子厚德，子夫黃建來同堂，寓琴臺，作〈程山學舍碑記〉曰：

自有天地來，高山、大川之待名於人，蓋不知其幾矣，就其著者而論，焦匡嚴灘之節概，浣花林廬之羇窮，赤壁泚水峴山之勳業政事，蘭亭香山西園之文采風流，朋從宴集，其人固皎皎拔俗，當時或自爲之，或他人爲之，詩、歌、序、記，令後之人覽之，儼然若身遇之，歷千百年猶未墜，彼其聲施後世，雖蕩析而不磨者，果何物也，吾南昌歷漢而宋，僅傳梅尉嶺、徐孺子磨鏡處、蘇雲卿圃，要皆下吏老傖，名反出諸侯王上，今其地雖鞠爲茂草荒煙，故老往往猶能指及，南豐則曾子固居書巖，以文章顯于宋，劉木邨居壽文堂，以行誼顯於元，繼此落落不少概見，則是山川之待，人以名者，不又其難矣哉，謝子約齋生子固之鄉，方壯歲即灑脫世故，捐制舉藝，獨有志聖賢之道爲之，二十有二年，曉夜孜孜罔敢閒，晚乃得程山居之，與其徒封濬、黃熙、甘京，諸子篤躬行，修古禮，晝所爲，宵必書之，考業計過，會朔望，面相質訂，一、二老友時過，從辨析疑義諸子中，或顯達，崇聞望，出入循循，里中人不問，而知爲程山弟子，程山居城西偏，石圓砥，可坐數百許人，在獨孤及彈琴馬退山之左，林塘幽閴，修竹翳，如堂三楹，館室亭榭，凡數處，濬與師及同堂友甘京，常授徒其內，吾易堂諸子，每過必出所譔著，述近日行事，講貫連日夜，互爲規益，星渚宋未有，曾一至居旬日，歡爲平生僅事，四方遠近之遊而過之者，殆無不知有程山謝子之學，予由是以思大地，凡九萬里，其間帝王將相，所戰伐攻取攘而得之，久或數百十年，或數年，革命代興，薄海內外視勝國，若蛻遺奉，其正朔國號政令，無敢異，其名人鉅公，偶一據蜉蝣蟻子之地，殫其技能才慧，栩然自爲得，思以易天下，而傳後世，俯仰陳迹，或亦未免爲人所訾謷，乃若魯鄒、泗嶧、濂溪、考亭，象山、百原，九嶷龍場、石蓮洞之區，果何人居之，帝王有所不能奪，天地有所不能私，名之今古，無有窮極，是必其獨居衾臥，對

妻子，顧影形，表裏瑩徹，而毫無愧怍者也，雖令勳業蓋天下，文章擅一時，有不可倖而致，嗚呼，豈不浩然大丈夫也哉，歲巳酉，春二月，予攜長兒厚德，壻黃建，讀書獨孤之琴臺，建亦程山幼徒也，甘京以其師命，屬予記，將勒洞石子，自視益老廢放棄，恥心油然而私喜，其托程山，以有名也，遂不辭爲之記。

秋九月，遊麻姑山，李其聰、黃國望〔註67〕從，下山聰遘疾，冬十月癸亥卒，聰爲深齋猶子，年十七及門，氣質清正，德器深厚，先生方以傳人屬之，年廿一夭死，先生哭之慟，歲餘哀不釋，程山、易堂諸前輩皆雪涕，悲道運之厄，先生手錄其詩文，魏叔子較，以傳門人，寫松石授經圖，紓先生憂。

康熙九年（1670）庚戌，先生五十五歲。

居程山。

黃弼侯推先生主講。

春三月，遣猶子德健〔註68〕往，尋其父於邊，先生第五弟文淇，商遊打箭鑪，十餘年不返，太夫人憂念切，先生欲自往攜之歸，不許，謀遣健往，仍不許。健年十七畢，母氏喪，泣涕苦請，先生復，爲力勸，乃許之。

冬十二月甲申，朔會講於梅源，講《西銘》及〈師冕章〉，至末先生放聲大哭，坐中皆變色，有泣下者。

康熙十年（1671）辛亥，先生五十六歲。

居程山。

秋九月戊辰，猶子德贄卒，贄爲四弟文瀚子，資性器識，亞於其聰，年十九死，遂先生大哀耗矣。

冬十二月，桐城陳默公（焯）來訪，學甚契然，公書景公千駟，不及夷齊顏子一瓢，可方禹稷以贈，先是方密之〔註69〕（以智）嘗往來程山，

〔註67〕 黃國望，字遠之。黃熙之子，能世其父學，歸於程山門。

〔註68〕 謝德健，字子強。父文淇客遊不返，健年十七，日夜涕泣，遂徒步行萬里於西蜀尋父。

〔註69〕 方以智（1611～1671），字密之，號曼公，又號鹿起、龍眠愚者，安徽桐城人。崇禎十三年進士，授翰林院編修，少年時代就懷有遠大的理想抱負，早歲接觸東林，主盟復社，與宜興陳定生（1604～1656）、廣陵冒辟疆（1611～1694）、商邱侯朝宗三人，並稱「明季四公子」。入清後，拒不出仕，隱居深山，從事著述，其與謝文洊交誼甚篤。順治七年（1650），在梧州出家爲僧，法名弘智，字無可，別號藥地，又稱「墨歷」、「大可」、「浮山」、「智可」、「無道人」、「藥地和尚」、「藥地愚者智」、「江北讀書人」。

默公由是，不遠千里而來，至壬子春，乃別。

康熙十一年（1672）壬子，先生五十七歲。

居程山。

秋九月甲申，太夫人無疾卒（年八十），先生哀號，不食三日，諸門人跪，進粥引禮，五十不致毀，六十不毀，爲解不許復跪，進水乃一啜，及門襄事皆如禮。

冬十二月甲申，合葬太夫人於香山，會葬者數百人，有自千里至者。

康熙十二年（1673）癸丑，先生五十八歲。

居程山。

作〈認理提綱頌〉。

夏，訂李公淑旦遺稿作傳。

冬十月，攜孫振往香山省，赴星子縣拜宋髻山墓。

過廬山，訂《髻山語錄》於青松寺。

十一月，過白鹿洞，遇雪，拜祠下，肅然起敬，徘徊不忍別。

十二月，滇黔反道梗過建昌縣，訪熊約生（維典）。

訂《髻山傳》。按：熊約生原本。

康熙十三年（1674）甲寅，先生五十九歲。

春正月，寓建昌縣熊氏靈雲齋。

許敬菴〔註70〕《九諦》，周海門〔註71〕《九解》，先生向欲有說不果，至是於熊氏齋中復見，此書乃作《九判》。

二月，路稍通，先生歸舟徑，抵香山省，墓過家門不入，蓋自太學公卒後，出入必告於墓下，雖顛困衰疾不廢。

〔註70〕 許孚遠（1535～1604），字孟中，號敬菴，浙之德清人。許孚遠學說主講「克己」。萬曆二十年（1592）前後，其在南京講學，撰作《九諦》。著作有《論語述》、《敬和堂集》、《大學述》、《中庸述》等。許孚遠一生精研理學，聚徒講學，並致力於對王陽明及其後學弊病的修正。

〔註71〕 周汝登（1547～1629），字繼元，號海門，學者稱「海門先生」，浙江嵊縣人。萬曆五年（1577）丁丑進士。據黃宗羲《明儒學案》記載，將其歸入「泰州王門」，但此記載歷來頗受質疑，後經考證得出，海門實系王龍溪門下弟子，而作爲王陽明之再傳弟子，海門主要思想在王陽明後學中，屬於浙中王龍溪一系，並以王龍溪「四無」爲宗旨。其一生著述頗豐，流傳至今的主要有《東越證學錄》、《周海門先生文錄》、《聖學宗傳》、《王門宗旨》、《四書宗旨》、《佛法正輪》。

三月，避閩亂，居良籌山，讀孫子兵書，取其要語爲綱，以歷代名將事蹟爲目名曰《兵法類案》而歸之，蓄德爲用，軍居功之本云。

六月，閩逆踞縣。

康熙十四年（1675）乙卯，先生六十歲。

居良籌山。

夏五月，大兵復縣。

六月，安親王以醫召先生子德宏，先生命往，勉以忠信，於是王以至，戚庸勳，擁重兵，宿衛凜如也，自長司大吏見，皆震懾失措，宏貌既修偉，音吐洪亮，舉此自如。

王笑曰：「聞若窮學究耳，何貌富耶？」

對曰：「固所謂藜藿膏粱，嵒谷廣廈者。」

王欣然禮之，既適館屏，侍者卻供帳，展破布被，鼾睡達旦，左右驚以爲異人唉，以仕以親老，力辭月餘，乃餽賑遣還，宏一無所取，襆被歸。

秋九月，閩逆僞帥樂燦，破縣城，程山學舍毀。

弟姪十人陷於賊，先生憂懼，命宏往探，宏覘得僞號戎服，入城搜繫出。

康熙十五年（1676）丙辰，先生六十一歲。

居良籌山。

日錄草失。

秋八月，王師復縣。

冬十一月，賊平。

康熙十六年（1677）丁巳，先生六十二歲。

居良籌山。

日錄草失。

康熙十七年（1678）戊午，先生六十三歲。

居良籌山。

日錄草失。

康熙十八年（1679）己未，先生六十四歲。

居良籌山。

讀《正蒙》，愛玩摘抄之。

冬十月庚寅，曾孫身耕〔註72〕生。

十二月丁丑，曾孫身耦〔註73〕生。

康熙十九年（1680）庚申，先生六十五歲。

居良籌山。

春正月，作〈西銘疏〉。

秋八月，緝《大臣法則》。

閏月，攜孫擴，往宜黃，訪鄒明昌。

九月，攜孫振，往南昌，訪友主關西秦揆一（四採）。

作〈鬼神說〉。

冬十二月，抵家。

康熙二十年（1681）辛酉，先生六十六歲。

居良籌山。

春正月，復往南昌，欲遊揚州不果，夏四月歸。

秋八月，虛勞病發作。

冬十一月，徙宅歸城（宅今不可考）。

書雜言十五則，為家訓命曰：「吾不能夏五矣，以此為爾曹遺。」子孫請故曰：「予以切脈知之。」按：先生究心於醫者有年，故切脈若是，審今家藏醫書數十種，皆丹黃手澤也，子以醫著實庭訓云。

康熙二十一年（1682）壬戌，先生六十七歲。

夏五月丁卯，先生卒。

自去秋病，知大命將盡，而為學不稍輟，先二日作墓誌，述生平梗概，遂絕筆二十日，命劉素先寫神遊五岳圖〔註74〕，酉刻端坐逝，弟子皆縗絰，朝夕哭失聲，既葬釋服心喪三年。

易堂彭中叔，忽中夜起曰：「程山先生將即世，余不可以不往別。」

櫟齋書至矣，家人猶豫未即信，比明輿夫集，而京書果至得訣別。

先生遺命，祔香山後，以啟壙不吉，改葬本縣五十三都蛟池，本生高祖汝聰公墓左。

〔註72〕謝身耘，號植菴，南豐人。謝修振之子。

〔註73〕謝身耦，南豐人。謝修擴之子。

〔註74〕據《程山謝明學先生年譜》載，此神遊五岳圖，像高五、七寸，竹杖芒鞋飄飄然，有凌雲之意。

弟子議，私諡曰：「明學夫子」，議曰：

> 孔孟之學，至宋程朱學派而益明，近代薛胡數君子繼之，然而二氏
> 之說、功利之習中於人心，爲世道之害，終不熄也。吾師程山謝先
> 生，生於僻壤蚤，厭舉子業，參究佛書有所得，賴天誘其衷，返悟
> 聖學，一宗程朱學派。三十餘年，潛心肆力體認，則極其深沈踐履，
> 則極其篤實辨異端，則毫釐畢析闢俗學與誨人也。
> 以畏天命爲宗旨：著有畏天命、講義，及事天謨。
> 以誠爲本：有誠說上、下篇。
> 以識仁爲體：有識仁說辨。
> 以切己爲要：著有大學中庸切己錄。
> 以主敬爲功：著有程門主敬錄。
> 以易爲至精：著有讀易緒言。
> 以正蒙爲至奧：有正蒙摘抄。
> 以經世爲用：有大臣法則、兵法類案兩著作爲代表。
> 以守約顧諟爲會歸。按：號「約齋」，晚又號「顧菴」。
> 以二程子，上承濂溪，而下啓關閩爲法式。按：講堂名「尊洛」。
> 將終自作墓誌，述其生平爲學，前後之序，自以爲不足，而於儒道
> 之淵源，實足以明孔孟、程朱之學較而無疑，乃以身居窮約，不能
> 表見於當世，而僅傳習於及門諸弟子（黃熙、甘京等……），心悅誠
> 服，不敢阿私所好，議私諡曰「明學」。

文彥博〔註75〕諡伯淳先生曰：

> 明道、伊川謂學者於道知所向，始知斯人之爲功知所至，始知斯名
> 之稱情，吾師明學之稱，於是乎爲無愧矣。

秋八月，甘京編訂程山遺書，命先生孫修擴繕寫。

按：先生所著書：

〔註75〕 文彥博（1006～1097），字寬夫，號伊叟，今山西省介休市城區文家莊人，北
宋著名宰相。文彥博歷仕仁、英、神、哲四帝，出將入相，有五十年之久。
任職期間，秉公執法，世人尊稱爲賢相，曾成功地抵禦了西夏的入侵。宰相
期間，大膽提出裁軍八萬之主張，爲精兵簡政，減輕人民負擔。文彥博愛寫
詩、詞，但所留甚少，且多與政治有關，晚年皈依佛法。著有《大饗明堂紀
要》二卷、《藥准》一卷，但皆已佚，今存《文潞公集》四十卷，收入於《山
右叢書》中。

學庸切己錄三卷（宋之盛校閱）。

講義三卷（弟子封濬、黃熙、甘京、曾日都〔註76〕、湯其仁〔註77〕、
李其聰參閱）。

讀易緒言三卷（未成全書）。

日錄四卷（彭士望、李萼林、宋之盛、邱維屏、邵睿明、章愷、林
時益、黃弼侯、劉子淳、魏禧、彭任校閱，弟子鄒明昌、封濬、黃
熙、甘京、曾日都、曾秉豫、蔡景定、湯其仁、危龍光〔註78〕、黃
采、李其聰、猶子德贊，門人封嶧〔註79〕、黃國望、吳士錩參閱，
甘京、黃采較編）。

文集十四卷（彭士望、宋之盛、邱維屏、魏禧校閱，弟子甘京編定）。

詩集一卷（彭士望、魏禧校閱，弟子甘京、長男德宏編定）。

養正篇一卷。

先生所編訂：初學先言二卷、程門主敬錄一卷、風雅倫音二卷、左
傳濟變錄二卷、大臣法則八卷、兵法類案十三卷。

先生所刪訂：大學稽中傳一卷、七克易二卷。

凡為類十有五，為卷六十，統名曰程山遺書。

康熙二十二年（1683）癸亥。

春三月，門人黃熙卒。

康熙二十三年（1684）甲子。

夏六月，門人甘京卒。

康熙二十四年（1685）乙丑。

春三月，督學使，三韓高公渭師（璜），訪求遺書，檄南豐縣，崇祀先生
及黃熙、甘京於鄉賢祠。

〔註76〕曾日都，字美公，江西南豐人。明諸生。其學務實體諸己，自號體齋。美公
年四十，既黜於庠，忽棄去揭學，田百畝還諸族，以腐豆釀酒賣錢以自食，
後受業於程山。

〔註77〕湯其仁，字長人，號密齋，江西南豐人。歲貢生。著作有《四書切問》、《省
克堂集》二書。

〔註78〕危龍光，字二為，號在園，江西南豐人。順治丙子籍諸生。危龍光以《呂氏
鄉約》法約其族人，揚善罰惡，宗黨皆十分推敬。其告以過者，雖屬辭，無
所忤，人稱其為今之子路也。

〔註79〕封嶧，字雲岊。封濬子，其克紹父業，亦及程山門。

康熙五十五年（1716）辛卯。

　　江蘇巡撫，儀封張公孝先（伯行），徵遺書付梓，長孫修振，奉謁軍門，
　　弁敘開，雕甫畢，大學中丞以誣罷止。

雍正七年（1729）己酉。

　　曾孫身耘，刻《中庸切己錄》。

乾隆八年（1743）癸亥。

　　江西巡撫，桂林陳公榕門（宏謀），檄訪遺書，元孫鳴謙奉謁軍門。

乾隆十年（1745）乙丑。

　　新城私淑涂築野（登）、陳凝齋〔註80〕（道），徵刻《講義》、《日錄》、《文
　　集》、《詩集》。

乾隆十六年（1751）辛未。

　　建昌太守，金華葉公惟一（新），奉先生主，與曾南豐、李寅青二先生主，
　　同入嘉禾書院。

乾隆二十年（1755）乙亥。

　　建昌太守，臨湘姚公鄂啥（文光），改建盱江書院，於武岡奉先生主，與
　　李泰伯、曾子固、傅子淵、包宏父、何椒邱、羅近溪、鄧潛谷、李大經，
　　諸先生同祀。

第三節　謝文洊師承

　　謝文洊的思想歷程曲折複雜，各個時期差異甚大，實有其階段性的改變，
當求學初期，由務舉業而入禪，進而入禪再習儒，習儒則先師奉陽明學，後
轉崇程朱學爲依歸。值得一提的是，文洊此先姚江而後程朱的治學過程中，
所受到的心師、人師影響深刻，亦是其思想轉變的關鍵。本節將介紹謝文洊
各個時期的心師、人師爲主，探討其對謝文洊的思想影響。

〔註80〕陳道（1707～1760），字紹洙，號凝齋。江西新城人。清代文學家、理學家。從
　　　　小品行端重，剛入塾學，白天聽老師講課，晚上則隨父聽誦《小學》、《近思錄》，
　　　　並以此作爲學行準則。稍長，協助父親治理產業及施行善事，一有閒暇，便手
　　　　不釋卷，孜孜於學。後從師廣昌黃永年，鑽研宋儒理學，兼攻水利農田、軍政
　　　　邊防等書籍。陳道尊崇周敦頤、程顥、程頤，並研習陸九淵，王守仁之主張。

一、心師

（一）大慧禪師

大慧禪師（1089～1163），俗姓奚，字曇晦，號妙喜，又號雲門，諡號「普覺禪師」。宋朝安徽興國人。南宋著名禪宗大師，楊岐派第五代傳人，提倡話頭禪，又稱看話禪，其鼓勵學者起疑情，以疑情參究公案〔註81〕而得到開悟。大慧禪師認爲修行必須在生活之中〔註82〕，反對遠離塵世和獨自修行。禪宗楊岐派在大慧禪師手上被推至最高峰，其禪法對南宋理學和後世禪宗皆有深遠的影響。

謝文洊二十六歲時，不僅仕途不順，又見中原流寇紛亂，遂有出世之志，厭薄舉子業，開始與禪僧往來，尤其最崇敬大慧禪師，對於其所著書，更是參讀甚密，用功勤於精研。

（二）陸九淵

陸九淵（1139～1193），字子靜，號象山，江西金溪人，書齋名「存」，世人稱「存齋先生」。曾在貴溪龍虎山，建茅舍聚徒講學，因其山形如象，自號「象山翁」，又稱「象山先生」。

陸九淵是著名的理學家，是宋明兩代「心學」的開山祖師，與當時的理學家朱熹齊名，史稱「朱陸」，至明代王陽明發展其學說後，成爲中國哲學史上著名的「陸王學派」，亦對中國理學發展產生深遠影響，後人稱之爲「陸子」。

謝文洊二十九歲時，曾閱讀陸九淵的《象山集》，因受其內容思想影響，於是開始專志於儒。

（三）王守仁、王畿

1、王守仁

王守仁（1472～1529），字伯安，號陽明，浙江餘姚人，世稱「陽明先

〔註81〕見《大覺普慧禪師語錄》：「千疑萬疑，只是一疑。話頭上疑破，則千疑萬疑一時破，話頭不破，則且就上面與之廝崖。若棄了話頭，卻去別文字上起疑、經教上起疑、古人公案上起疑、日用塵勞中起疑，皆是邪魔眷屬。」

〔註82〕見《大慧普覺禪師語錄》卷二十一：「茶裡、飯裡，喜時、怒時，淨處、穢處，妻兒聚頭處，與賓客相酬酢處，辦公家職事處，了私門婚嫁處，都是第一等做工夫提撕舉底時節。昔李文和都尉，在富貴叢中參得禪，大徹悟。楊文公參得禪時，身居翰苑。張無盡參得禪時，作江西轉運使。只這三大老，便是箇不壞世間相，而談實相底樣子也！又何曾須要去妻挐、休罷官職、咬菜根，苦形劣志，避喧求靜，然後入枯禪鬼窟裡作妄想，方得悟道來！」

生」，又稱王陽明。王陽明生於明朝中葉，此時政治腐敗、社會動盪、學術頹敗，其試圖力挽狂瀾，拯救人心，乃發明良知之教，爲明代盛名的思想家、哲學家、文學家。王陽明爲陸王心學之集大成者，其發揚陸九淵的學說，用以抗衡程朱學派，主要以「反傳統」的姿態出現，在明代中期以後形成陽明學派，對當時學術影響頗大，其不僅爲宋明心學的集大成者，也精通儒家、佛家、道家，是中國文學史上罕見的全能大儒。王陽明生前廣收後學，使「王學」遍及各地，死後門徒雖分成幾個學派支流，但末學有漸失其本意之實。

2、王畿

王畿（1498～1583），字汝中，號龍溪。浙江紹興人，爲明朝哲學家。王畿是王陽明的學生，亦是明朝中晚期陽明學派的代表人物，其進一步吸納了道家、佛家的思想方法與成果，對陽明學派有重要發展，講學四十餘年，皆致力傳播研習發展王學。

謝文洊三十一歲時，讀《陽明集》和《王龍溪集》二書後，深深後悔從前入禪之荒謬，於是開始推崇陽明學派，並積極會友論講良知之學。

（四）羅欽順

羅欽順（1465～1547），字允昇，號整菴，諡文莊。江西泰和人。爲明代知名的哲學家、儒學家，時稱「江右〔註83〕大儒」。其於明代中期與王陽明分庭抗禮，對陸王心學的態度是批判反對。

羅欽順晚年潛心格物致知之學，並繼承和改良朱熹的格物致知說，指出格物是格天下之物，不只是格此心；窮理是窮天下事物之理，不只是窮心中之理，此新穎說法可說是大功於聖門。羅欽順八十三歲卒，著有《困知記》、《羅整菴存稿》、《羅整菴續稿》等。

謝文洊三十四歲時，在一次激烈的會講中，講友王聖瑞以羅欽順《困知記》的理學思想爲依據，曾與文洊爭辯「明道」之理數日。文洊三十六歲時，始讀《困知記》一書不合，直至四十二歲時，再讀終於契合，頓有所感，這才以程、朱之學爲依歸，開始對羅欽順表示認同之意，後又稱讚《羅整菴集》論禪處極其透徹，歷來諸儒未曾發明至此，此書雖初讀不覺其好，而久之愈讀愈妙。

〔註83〕江西在歷史文獻中又稱爲「江右」，此與江東俗稱「江左」相對應。

（五）李經綸

李經綸（1507～1557），字大經，號寅青。江西南豐人，為明代諸生。經綸讀書好深思，品德純正，以理學自負；鄉舉時，上書當道，要求以禮待士，不被採納，遂棄科考，精心著述。

李經綸之學，有其特色，初聞羅欽順著《困知記》辨心性之異，遂上書以質所學，反對心學的窮理方法，認為窮理必須歸結於儒家之典章制度，批評陸九淵、王守仁良知之學虛無妄言，又質疑朱熹格物之論大而寡要，主張誠意、正心、修身，三者之本原同時進行論述。著作有《禮經類編》三十卷、《大學稽中傳》三卷、《洪範皇極注》四卷。

謝文洊四十一歲時，曾讀《李寅青集》一書，即稱讚經綸學問博大而精，有生不同時之恨。後於隔年修訂李經綸的《大學稽中傳》，表示此書精穩，但稍有字句之累，所以修訂之。

（六）薛瑄

薛瑄（1389～1464），字德溫，號敬軒，諡文清。山西萬榮人。薛瑄為明代著名的理學大師，河東學派〔註84〕的締造者。其七歲《小學》、《四書》即能成誦，十三、四歲《五經》、《四書》則能通大義，在嚴格的儒學思想教育下，薛瑄從小便立志要成為大儒、偉士。

薛瑄以維護朱熹理學的正統地位出發，從克服朱學弊端入手發揚理學。其適應時代要求，對朱熹理學進行卓有成效的批判和改進，對明代思潮的復興開啓直接的先導作用，除了創立自己的學說外，還教書從教，並創建河東學派，專精性命之學，為其成為著名的理學大師奠定堅實的基礎，從而與姚江學派〔註85〕構成明代理學思潮的兩大主要流派。

薛瑄主要著作有《文集》、《讀書錄》、《理學粹言》、《從政名言》、《策問》、

〔註84〕河東學派以明代薛瑄為代表，因其為河東人故名。恪守周敦頤和二程之學，尤推崇朱熹。修己教人，一本程、朱，以復性為主，修正朱熹「理先氣後」說，認為「理只在氣中，決不分先後」。在家鄉講學十餘年，弟子甚多，對後世有相當影響。門人閻禹錫、張鼎、張傑，傳播師說，皆名重一時。此派主要人物還有段堅、王鴻儒、周蕙、呂柟、呂潛、張節、李挺、郭郛、楊應詔等。

〔註85〕姚江學派為中國儒家學派的一支，成形於明朝中晚期，創始人為明代大儒王守仁，故姚江學派亦稱陽明學派，因王守仁出生於今浙江餘姚，餘姚境內有餘姚江，亦稱姚江、舜江或舜水故名。姚江學派後傳於日本，對日本及東亞都有深遠影響。

《讀書二錄》……等。其中《讀書二錄》是集薛瑄理學思想大成的代表作，也是其平生所作之讀書筆錄與心得總匯，書中反映出薛瑄畢生矢志求道、專精性命的思想進程，是其成爲著名理學大師的重要學術成就。

　　謝文洊曾讀《薛文清集》，並稱讚其平正切實又極其精微，之後只要論及學術則首推薛瑄入手。文洊認爲白沙〔註86〕之學所得爲深，然其流爲禪也，惟薛瑄至當無弊，以其不失程、朱範圍也。

二、人師

（一）李藩

　　李藩，字淑旦，江西南豐人。崇禎末年，其見時政貪弊，流寇紛擾，首倡千礮會，糾壯丁訓練，遂爲鄉閭保障。李藩才高八斗，博學多聞，尤擅好韓非子、柳宗元之文章，所作頗似兩者風格。其學生門人不下數百人，可惜生平並不得志，常藉文章托風刺山抒發胸臆。

　　崇禎十五年（1642），文洊二十七歲，即拜李藩爲師。李藩歎曰：

　　　　謝秋水見幾之哲，不可及也。〔註87〕

可見李藩不僅對文洊的讚譽有加，更是欣賞謝文洊的治學嚴謹和躬行實踐。

　　順治十五年（1658），李藩欲反師文洊，因文洊固辭，索性將兒子李璧送至文洊門下求學，以完成己願。直至康熙十二年（1673），文洊還特地爲李藩的遺稿作傳，可見兩人一直維持著良好的師友關係。

第四節　謝文洊弟子

　　謝文洊一生終老布衣，爲學不輟，其門下弟子不下百餘人，而門徒中有邑中士子，有遠道慕名而來之學者，亦有父子同列其門，尤引人注目的則是原爲謝文洊共同聚徒講學的同游友人，後竟相折節爲弟子，可見謝文洊的仰慕者中不乏博通宏遠之士，雖在聚徒授學之初，同邑中有些人並不以爲然，甚至訕笑之，但後來皆爲謝文洊的學術所敬服，無不對其刮目相待。

〔註86〕白沙即爲陳獻章，陳獻章（1428～1500），字公甫，號實齋，後遷江門白沙鄉，人稱「白沙先生」。爲明代著名的思想家，創立了嶺南第一個頗具影響的學術流派──江門學派。

〔註87〕見謝鳴謙《程山謝明學先生年譜》收於《年譜叢刊》73冊（北京：北京圖書館出版社，1998年），頁262。

其中謝文洊的同堂謝退思，即爲其祖父行的前輩，曾欲拜文洊爲師，而文洊不從。老一輩名士李淑旦，亦欲反師文洊，文洊固辭，甚至逃入深山以避。大司馬湯來賀，因視文洊爲己師，後遣子湯適投入謝氏門下受業。前南豐知縣張繡鑑則公然稱道：

> 南豐一令，但得見秋水先生爲幸耳！〔註88〕

由此可知，謝文洊雖在當時仕途不順遂，但其在講學授業的成就卓越、聲名遠播。

一、程山六君子

在謝文洊的弟子當中，有甘京、封濬、黃熙、危龍光、曾曰都、湯其仁等高第，不僅有儒者氣象，並且盛名遠播，後世合稱「程山六君子」。以下就六君子之生平、性格，及其和謝文洊的師友交游，做概略介紹如下：

（一）甘京

甘京（1622～1667），字桱齋，原名鵬舉，字上卿，江西南豐人。初爲諸生，期望有濟於世，後棄舉業，專心著述，與同邑封濬、曾曰都，皆師事謝文洊講學程山。據《文獻徵存錄》記載甘京：

> 少而斮弛，及壯負氣慷慨，期有濟於世，慕陳同甫之爲人，講求有
> 用之學。〔註89〕

文中顯示甘京十分好學且能詩文，爲人慷慨有傲氣，講求濟世有用之學。

甘京嘗區畫田賦，上下有司行之。康熙五年（1666），因當地饑荒嚴重，人們流離失所，稅役卻未得減免，又逢年饑，山賊起，值邑荒亂，甘京特請免荒稅，均賦役行賑恤，賑饑平寇，潛身走山砦下，知其險易，因畫戡定策，請於大吏勦治，亂以定，人稱其經濟勝文章，鄉人賴之。閩中令聞其名，以重金聘入幕，弗應。其與封濬、曾曰都均以行誼篤學爲鄉里所矜式。《文獻徵存錄》記載：

> 京與文洊同學，一日會講程山，服其理趣昭博，便請北面稱弟子，
> 粹然有儒者氣矣〔註90〕

〔註88〕 見謝鳴謙《程山謝明學先生年譜》收於《年譜叢刊》73 冊（北京：北京圖書館出版社，1998 年），頁 274。

〔註89〕 見錢林《文獻徵存錄》卷六〈清咸豐八年有嘉樹軒刻本〉。收於《續修四庫全書》史部傳記類 540 冊（上海：上海古籍出版社，2002 年），頁 241。

〔註90〕 見錢林《文獻徵存錄》卷六〈清咸豐八年有嘉樹軒刻本〉。收於《續修四庫全書》史部傳記類 540 冊（上海：上海古籍出版社，2002 年），頁 241。

可知甘京與謝文洊本爲同學，因一日會講，甘京心折，便請北面稱弟子，其
立身砥行，溫潤栗理，以聖賢爲歸，研究道學修身，而日日記過，時時逐事，
終身在悔吝補救中過日。甘京在論學方面認爲：

> 其論朱、陸也，曰朱、陸歸宿不異，所趨之塗不無異，所趨之塗之
> 異不害，但其塗異，而亦自有失，見其失而攻之無害，惟護其失而
> 爭之，則有害矣，既又與易堂諸子講習，文益進，不應試，隱居爲
> 童子師自給。〔註91〕

甘京主張朱陸歸宿相同而途徑不同，因各有不足之處，講習非攻、相爭無害，
爲其失不足而護短爭執，則將造成損害無益。甘京常與易堂諸子講習，魏禧
亦以兄禮對待之，其隱居不試，爲童子師自給，以隱爲仕。

其著作有《通鑑類事鈔》一百二十卷、《軸園初稿》、《軸園稿》共十卷、
《軸園不焚草》二卷、《無名高士傳》一卷，其中《軸園不焚草》爲芟剩之作，
另有《家禮酌宜》和《了溪家譜》等著作。

（二）封濬

封濬（？～？），字禹成，江西南豐人。少補諸生，於清順治甲午年間，
明經貢生於鄉門下。封濬生且孝於親，爲慰解而曲成之，當父親生病時，其
祈天請代。當兄女孤，教嫁之，也待如己女。

封濬教授里中，生徒至百人，年四十，小文洊五歲，且師事之，執禮恂
恂，如未成人，才若不敏，而性耐勞勤，秩秩有次序。後於縣中丈田，與黃
熙任其事，好助人排難解紛。

當易堂彭士望以出位爲戒，封濬遂自號「位齋」。魏禧謂其爲篤行有道君
子，又稱其才當爲治繁劇之良有司，而可惜其不用也。其子封崿，字雲崿，
克紹其業，亦及程山門。

（三）黃熙

黃熙（1621～1682），字維緝，號倣園，江西南豐人。順治十五年（ 1658 ）
中進士官，其與封濬任其事，縣中丈田，無敢干以私，閭里有不平事，皆平
心平之，無不服。康熙二年謁選，以終養親長向朝廷陳情，被准許不仕。彭
士望在〈黃維緝進士五十序〉中說道：

〔註91〕 見錢林《文獻徵存錄》卷六〈清咸豐八年有嘉樹軒刻本〉。收於《續修四庫全
書》史部傳記類 540 冊（上海：上海古籍出版社，2002 年），頁 241。

子行年六十耳，目及以進士師布衣者，惟南豐黃子維緝一人。……
黃子三十八爲進士，又六年，始師程山先生，程山先生僅長黃子六
歲。〔註92〕

黃熙初與謝文洊爲友，後折節師事之，而文洊長黃熙六歲，其服弟子之事謹
愼，常與及門之最幼者進退，不以爲勞苦。《南豐縣志》亦記載：

以親老乞終養告歸，父年八十卒，哀感路人，三年蔬食，乙卯奉母
居山砦，母喪山居延燎，熙撫棺大慟，願以身同爐，倏忽風返，同
邑謝文洊於人少所許可，獨引熙爲入室弟子云。〔註93〕

黃熙父，年八十卒，其蔬食三年，奉母居山砦，母卒，山居火，先生撫棺大
慟，願以身同爐，風返火滅，時人皆爲熙純孝所感，文洊則獨引其爲入室弟
子。魏禧在〈贈程山五君子五十序〉稱讚黃熙：

維緝虛己而摯〔註94〕

其推崇黃熙之意，可從中得知。

黃熙最終卒年六十二歲，後私諡曰純孝。子國望、國垂，整理其日錄，
分《事親》、《守身》、《論學》各爲卷，合併爲詩文雜錄，總稱《傚園遺稿》
行之。其子黃國望，字遠之，能世其學，亦及程山門。

（四）危龍光

危龍光（？～？），字二爲，號在園，江西南豐人。清籍諸生，二十歲即
有名，善事後母，起初後母悍，對之非禮，其委曲承順，久而順化爲慈，愛
之若親子。

危龍光以《呂氏鄉約》法約其族人，揚善罰惡，宗黨皆十分推敬，其告
以過者，雖厲辭，無所忤，人稱其爲今之子路也。謝文洊稱其：

救恤患苦，排解紛難，強食弱肉者，扶而抑之，然其本在潔清自好，
無恔求意，故能化行於鄉，有感而無怨。〔註95〕

〔註92〕見彭士望〈黃維緝進士五十序〉《恥躬堂文鈔》卷七。收於《清代詩文集彙編》
　　　　32 冊（上海：上海古籍出版社，2010 年），頁 126～127。
〔註93〕見《南豐縣志》卷二十五〈人物傳三〉。收於《地方志人物傳記資料叢刊》華
　　　　東卷 71 冊，（北京：北京圖書館出版社，2010 年 10 月），頁 554。
〔註94〕見徐世昌《清儒學案》卷十八 附錄（北京：中華書局，2008 年），頁 767。
〔註95〕見（民國）包發鸞、趙惟仁等纂修《江西省・南豐縣志五》卷二十四〈人物
　　　　傳九・篤行二〉。收於《中國方志叢書》華中地方第 828 號（台北：成文出版
　　　　社有限公司，1989 年），頁 1568。

（五）曾曰都

曾曰都（？～？），字美公，江西南豐人。明諸生，其學務實體諸己，自號體齋。美公年四十，既餼於庠，忽棄去舉業，田百畝還諸族，以腐豆釀酒賣錢以自食，後受業於程山。

其生平於程山、易堂師友外，不交一人，即便州縣權貴欲求一見而不可得，其以學行爲鄉里所矜式，謝文洊稱之爲狷，刺取經史及語錄，人文行誼關風化者，爲《有用錄》百餘卷。

（六）湯其仁

湯其仁（？～？），字長人，號密齋，江西南豐人。歲貢生，留心經世利物，因魏和公達總制上疏，得免征，作敦睦會，居家有法度。朔望聚子弟訓，以先正格言，勸善糾過，閭里化之，凡有孤寡，必邺之。著作有《四書切問》、《省克堂集》二書傳世。

二、程山其他弟子

程山弟子甚眾，除了上述較具盛名的六君子之外，還有其他師承文洊，且著名的弟子，以下分別就他們的生平、性格，做簡略的介紹如下：

（一）傅與

傅與（？～？），字同人，江西南豐人。明諸生。謝文洊嘗和其講學，後及程山門，文洊稱其：

> 見地超卓，膽力俱到，同儕罕及。〔註96〕

傅與著有〈禪根論〉，文洊謂其大體規模，亦吾儒正理，但文字奇幻過於楞嚴，辨禪太急，務爲安頓，有強探力索之象，而無寬舒融釋之意，乃爲改易之，並著錄於《謝程山集》中。

（二）李蕚林

李蕚林（？～？），字仲闇，號深齋，江西南豐人。蕚林與弟芸林皆明諸生，程山門人，爲人規言矩行，其父喪，侍母三年，大小事必稟命、性情豪放，喜尋訪人才，收集遺書，愛好施與，濟人至傾千金產，弗惜也，聞有才俊之士，常徒步百餘里以求，著有《深齋遺稿》三卷。其門人鄒明昌，亦爲程山弟子。

〔註96〕見（民國）包發鷥、趙惟仁等纂修《江西省・南豐縣志三》卷十八〈人物傳三・儒林〉。收於《中國方志叢書》華中地方第 828 號（台北：成文出版社有限公司，1989 年），頁 1270。

（三）邵睿明

邵睿明（？～？），字先士，江西南豐人。明諸生。睿明少勤學，爲人聰穎，好翻閱理學諸書，尤其留心於《小學》、《性理》之書，長大成人後便刻意勵行，曾傾產爲脫兄難，山居講學不立門戶，以爲道本至公無我，豈容自私以成狹小，遂自號宏齋。邵睿明在程山授學，曾立志道：

惟其不宏是以不毅。〔註97〕

此充分表其明堅宏的決心，先後受業者至百人，其中不乏博通宏遠之士。

（四）黃采

黃采（？～？），字亮工，江西南城人。亮工孩提時，大父訓以《小學》、《近思錄》，及聖賢事蹟，輒忻然聽受，年稍長，言動不苟，師事謝文洊，篤志力學。

黃采事父母純孝，祖父年八十餘，承歡不懈。繼母周得狂易疾，尤委曲以事，常於賓客前唾罵，輒長跪負罪，扶持三十餘年如一日。母親去逝時，亮工年邁矣，仍哀慟盡禮。

黃采會語詩古文，居家以小學、家禮倡引後進，風俗爲一變，與弟暾以學道相勸勉。其卒年八十四歲，著有《聖圖願學錄》、《聖學彙編》。

（五）章愷

章愷（？～？），字仲實，江西南城人。明諸生。仲實生卒年均不詳，約明崇禎末前後在世，隱居華子岡，灌園養母，與謝文洊論學最有針芥之投，文洊每心折之。

章愷好讀史、衡論精審，常發前人所未發。著有《二十一史童觀集》、《閱史偶談》，及《清史列傳》傳於世，魏叔子稱其：

發微闡幽，大有功於後學。〔註98〕

可見魏叔子相當看重章愷，並評價其對後世的影響頗爲深遠。

（六）高識

高識（？～？），字敏生，江西南豐人。敏生隱居程山，專治講學不出仕，

〔註97〕見（民國）包發鸞、趙惟仁等纂修《江西省・南豐縣志三》卷十八〈人物傳三・儒林〉。收於《中國方志叢書》華中地方第828號（台北：成文出版社有限公司，1989年），頁1271。

〔註98〕見周駿富輯《清朝先正事略》卷二十八〈名儒〉。收於《清代傳記叢刊》第193冊（臺北：明文書局，1986年），頁238。

至二十七歲時，妻子去世，育有一子，後不再娶。高識爲文洊著名的弟子之
一。

（七）曾有孚

曾有孚（？～？），字若顥，江西南豐人。明諸生。有孚母親愛好佛理，
但過程經歷曲折，其自母親去世後，多以儒家禮處事，曾讀謝文洊《講義》，
內心深感佩服，於是折節稱弟子。曾有孚平生未嘗妄作文字，認爲古人著書
立說此理已明，應當虛心仔細繹取，方可運用於淑世。

（八）李其聰

李其聰（？～？），字作謀，江西南豐人。其聰爲李芸林子，幼慧端重，
寡言少笑，不事舉子業，徙程山和謝文洊學濂洛之學，嘗著史論，淋漓懇到，
彭士望稱其爲人內剛外靜，魏禧謂其詩與論確有膽識，兩堂前輩皆對其頗有
稱讚。李其聰與彭士望兒子厚德、謝文洊姪子德贄三人交情甚篤，時常齊聚
一堂論學。

（九）湯永誠

湯永誠（？～？），字若人，號雲鶴，江西南豐人。明廕生。永誠爲湯來
賀長子，八歲能爲時文，後棄去隨父偕隱，講求經史、古今治亂議論，悉有
根柢，文宗歐陽脩，詩宗陶淵明、謝靈運，尤留心忠臣孝子，表揚至行，詳
確不誣，晚年僑居郡城，年七十二歲。其著有《雲鶴亭集》六十卷。

（十）吳搏

吳搏（？～？），字其矩，江西新城人。吳搏受父親吳一焉遺命，師事南
豐謝文洊，十分敬佩文洊篤意躬行，並以文辭見長，雖貧苦從不懈怠，於是
亦及其門下授學。吳搏於康熙丙子年間舉於鄉，令河南孟縣知縣，勤政愛民
頗有政聲。

第五節　謝文洊交游

謝文洊的交游廣闊，特別喜好會友講學，後人將其與易堂魏禧、髻山宋
之盛並稱爲「江西三山」，也就是清初江西言理學派代表。因爲謝文洊與星子
宋之盛，以及寧都魏禧、魏禮、彭任、彭士望……等學者，常常藉由彼此書
信的文章觀摩，以及學術討論的聚會講學，可說是交游往來關係密切。當時

寧都易堂九子、星子髻山七子，俱以文章節概聞名天下，而文洊獨自反省自身，閉門修習，努力求取自得，三山雖然學術歸趨稍異，但能互相擷長補短。本節將概述謝文洊的交游爲主，介紹易堂九子，包含三魏、彭任、彭士望、林時益、邱維屏……等，和髻山宋之盛，以及其他和文洊互動頻繁的學者們，進而了解謝文洊的交友概況。

一、易堂九子

　　明末清初之際，「易堂九子」〔註99〕結爲文社，隱居在江西寧都的翠微峰下創「易堂」，而「易堂」本指在此結社的九人小團體，但它的成形是在明代亡國的特殊背景之下，自有其代表和象徵的意義。當時九子皆以古文授徒，遁跡山林，寄情山水，一同研究學問與古文創作，文風名重一時，除了魏禧最負盛名外，亦有兄魏際瑞、弟魏禮三兄弟，加上李騰蛟、邱維屏、彭任、曾燦、彭士望、林時益等九人，其中以魏禧的成就最高。髻山宋之盛就曾評論：

　　　　易堂之學主於用……。叔子欲以經世而正人心。〔註100〕

此說明易堂之學以砥礪廉節、講求世務爲主，以氣節文章聲名海內外，也因爲他們的思想與創作傾向，頗能與清初文人的思想情緒合拍，成爲明末清初一個頗負盛名的文學和教育集團，故而影響當代頗大。本節將介紹「易堂九子」的人物生平性格，並略述「易堂九子」和謝文洊的交游相處概況。

（一）魏際瑞

　　魏際瑞（1620～1677），清初學者，原名祥，十七歲時改名際瑞，字善伯，又號東房，魏禧胞兄，人稱「伯子先生」，生於明光宗泰昌元年，卒於清聖祖康熙十六年，江西寧都人，明末諸生。際瑞性格豪爽強急，急公好義，寬厚待人，自幼好學，善強記，對於聲律、音韻、文字學，不假師授輒能造其妙，對於兵、刑、禮制、律法，都能研究詳明盡析原委。

〔註99〕見李元度《國朝先正事略》卷三十七。收於《續修四庫全書》史部傳記類539 册（上海：上海古籍出版社，2002 年），頁 776～780。魏禧與兄魏際端（字善伯）、弟魏禮（字和公）合稱「三魏」，在明清之際，三魏是名重一時的人物，時人依序分別稱之爲伯子、叔子、季子，其中魏叔子最爲知名。邱維屏（字邦士）、曾燦（字青藜）、李騰蛟（字力負）、彭任（字中叔）、彭士望（字躬菴）、林時益（字確齋），以上九人並稱「易堂九子」。

〔註100〕見謝文洊〈丁未與魏冰叔書〉宋之盛文末評語《謝程山集》。收於《四庫全書存目叢書》集部別集類 209 册（臺南：莊嚴文化事業有限公司 1997 年），頁 186。

　　魏際瑞二十歲時，所著詩文已過三尺，三十歲時，已成詩文八十餘冊，後每年刪削，僅留少數，他的〈與子弟論文書〉是我國古代現實主義文論寶庫中的珍品。崇禎十四年，魏祥參加縣城及贛州、南安舉試人才，場場名列第一，但心厭時文，主經濟，重實用，與弟魏禧、魏禮合稱寧都三魏，魏氏兄弟工古文，韻語非其所長，伯子雖多敗闕，然時有生氣。明亡後，魏禧和魏禮並棄諸生，魏祥爲支持門戶而獨出應試。順治十七年（1660）被選爲歲貢生〔註101〕，曾先後在浙江巡撫范承謀、潮州總鎮劉伯祿、贛州總鎮哲爾肯處爲幕僚，皆受推重，因其極重信義，易堂諸子及其族戚，依其獲安達三十餘年。

　　魏際瑞性格伉爽，強極愛人而嚴於疾惡，人若觸其性，即如雷霆之發不可禦，然每能自屈於理，理勝者，即使是子弟之言，亦必俯首而伏。際瑞身爲長兄，對二弟提攜不遺餘力，可視爲魏禧的第一良師，晚年尤謂魏禮爲有用之才，而其勞苦客外所得之脯脩，恆分兩弟濟其困。康熙十六年（1677），魏際瑞在贛州總兵哲爾肯處爲幕僚，爲了地方的安寧，際瑞前往召撫吳三桂餘黨韓大任，不幸遇害，年五十八歲。

　　魏際瑞爲文首貴識，次貴議論，以爲「有識則議論自生，有議論則詞章不能自己」，識之培養，以氣爲先，養氣又以多讀書爲要。在思想方面，主張以「實用」爲主，他認爲：

> 文所以不如行者，文虛而行實也。使不致其實，徒棄其文，則不如
> 執一藝，以成名者，猶得繫其身心，不至如游民、罷士之偷惰，而
> 一無所就。〔註102〕

以行爲實，文爲虛，又不棄其文，是易堂貫有之學風，導其源者，魏際瑞功不可沒。

　　魏際瑞對音韻頗有研究，著有《詩經原本》及《正韻竊取》二書，探究聲韻對文學的影響，這在易堂諸子中，應爲獨特見解。際瑞篤志古文，喜漆園太史公書，著有《魏伯子文集》、《五雜俎》，和《四此堂稿》並傳於世。

〔註101〕「貢生」俗稱「明經」，是指明清兩朝秀才成績優異者，可入京師的國子監讀　　　　書，稱爲「貢生」。貢士不同於貢生，舉人經會試而被錄取者稱「貢士」。至　　　　於貢士經過殿試錄取者爲「進士」。每年或每兩、三年由各省學政，從各府、　　　　州、縣學中選送優秀廩生，升入國子監就讀，稱爲「歲貢生」，而第一名稱爲　　　　「歲貢元」。

〔註102〕見魏際瑞〈與子弟論文〉《魏伯子文集》卷四。收於《清代詩文集彙編》70　　　　冊（上海：上海古籍出版社，2010 年），頁 484～491。

（二）魏禧

魏禧（1624～1681），字叔子，又字冰叔、凝叔，自嫌躁進，欲求寬裕，乃號裕齋，江西寧都人，明末諸生，明亡後不仕，隱居翠微峰，其所居地名為勺庭，亦號「勺庭先生」，又以齋號易堂，人稱「易堂先生」。魏禧為明末清初著名的散文家，與侯朝宗（1618～1654）汪苕文（1624～1691）合稱「清初散文三大家」，有「北侯南魏」之稱。魏禧文章重氣節，束身砥行，有凌厲雄傑、剛勁慷慨之氣，散文作品，文筆簡煉，敘事如繪，內容多表彰民族大義，敘事簡潔，又善議論，指事精切。根據楊延麟先生墓表記載：

> 先生諸弟子中，禧最晚進，事先生以諍子自任，常面諍先生，先生大悅，奇之，自是無大小事必盡言。〔註103〕

說明魏禧少年時代即有遠大抱負，十四歲時，求學於同里楊一水先生門下，致力於科舉考試，希望有朝一日金榜題名，成為國家有用之才。二十一歲時，因深痛國亡，於是棄科舉，跟從姐夫邱維屏研習古文，從此走上另一條治學之路。

魏禧早年有志仕進，且富謀略，論事縱橫捭闔，策劃卓有經緯，年四十，乃出遊江、浙，以文會友，結納賢豪，於是魏叔子之名不脛而走，天下賢士皆樂然與之交往，於蘇州交徐枋、金俊明，杭州交汪淇，乍浦交李天植，常熟交顧祖禹，常州交惲日初、楊瑀，方外交藥地（方以智）檣木，以及屈大均、姜宸英、施閏章、汪琬……等，皆為著名遺老。當時南豐謝文洊講學程山，星子宋之盛講學髻山，弟子著錄者皆數十百人，且與易堂相應和，三者鼎立於江西，為著名之豫章三大門庭，易堂獨以古文實學為歸，而風氣之振，由魏禧為領袖，所交契友還包含陳恭尹為首的廣東北田五子。謝文洊在〈易堂魏叔子日錄序〉中道：

> 吾友魏叔子從事於斯久矣，其忠厚惻怛，出於天性，而加之以學問，與父兄、師友講求，於治亂之際數十年，於是即其所得，著《日錄》三篇，蓋坐可言而起可行，自身家以及天下，皆實有所裨益。〔註104〕

其交友的宗旨，一是在治學上能相互切磋，以便采他人之長，集思廣益；二是在政治上還有隱蔽深遠的意圖，即多方結交那些他日可為國家受大

〔註103〕見溫聚民：《魏叔子（禧）先生年譜》。收於《近代中國史料叢刊續編》第936輯，（臺北：文海出版社，1982年），頁124。

〔註104〕見謝文洊〈易堂魏叔子日錄序〉《謝程山集》卷十四。收於《四庫全書存目叢書》集部別集類209冊（臺南：莊嚴文化事業有限公司 1997年），頁247。

任，爲生民匡大厄，足以濟天下事的朋友，只要時機到來，便可團結起來實施複國的大業。魏禧與兄魏祥、弟魏禮都能文章，世稱「三魏」，而三魏兄弟與彭士望、林時益、李騰蛟、邱維屏、彭任、曾燦，隱居於翠微峰，經常圍坐在一起讀史，討論《易經》，並把讀書之地命名爲「易堂」合稱「易堂九子」。

魏禧律己甚嚴，知過即改，多變化氣質之功，其亦關懷人民生計，看人民受剝削壓迫之苦極表同情。魏禧文論詳審，所爲古文雄視一世，他認爲作家應重視人品、修養，要求積理煉識，講究眞氣與個性，務求經世致用，少好《左傳》及蘇洵文，中年所涉較廣，然從古人入而不從古人出，故文無專似，自成一家，遇忠孝節烈事，則感動激烈，摹畫淋漓。魏禧隱居後，盡棄時文，爲古文辭，更講求文章法度，於是自削議論之繁博而精傑益出。

康熙十九年（1680）十一月，病逝於江蘇儀征遊歷途中，年五十七歲，臨死這年以弟魏禮之子世侃爲繼子。其文集合編爲《寧都三魏全集》，含有《魏叔子文集》內篇二卷，外篇二十二卷、《魏叔子詩集》八卷、《魏叔子日錄》三卷、《擬奏疏》一卷，還有《尚書餘》一卷、《左傳經世鈔》十卷，以及《兵謀》、《兵法》、《兵述》和蒙學課本《童鑒》二編。

（三）魏禮

魏禮（1628～1693），字和公，生於明思宗崇禎二年十一月，卒於清聖祖康熙三十四年十月，江西寧都人，文學家、詩人、隱士，爲易堂九子之一，魏禧之弟。魏禮少受業於兄魏禧，禧管教甚嚴，常受責打毫無怨言，反曰：「兄固愛我也。」年近二十，補諸生，更刻苦自勵，學業日進，遂與二兄魏際瑞及魏禧齊名「寧都三魏」，又稱其「季子先生」。謝文洊〈寧都魏季子五十一序〉說道：

> 予與魏季子和公爲兄弟，交已三十餘年矣，初知季子具至性、篤風
> 義、工詩歌、古文辭，既又知其慨然，有不可一世之志，膽勇過人，
> 遍走南北，交天下俊傑，用是益心敬之。〔註105〕

魏禮性情風義，工詩歌古文，勇挑難事，但其鬱鬱不得志，遂棄諸生遠遊，足跡幾乎及全國，每到一處，必結交賢豪隱逸之士。五十歲時，倦遊而歸，

〔註105〕見謝文洊〈寧都魏季子五十一序〉《謝程山集》卷十五。收於《四庫全書存目叢書》集部別集類 209 冊（臺南：莊嚴文化事業有限公司 1997 年），頁 275。

構屋五間於翠微峰左幹山巔，構屋五楹，稱「吾廬」，因以自號。魏禮論學以實用爲主，不空談心性，不以僞學欺世，其在〈與鄒幼圃書〉中敘道：

> 儒者必通世務，達時變，否則，雕塑周、程之像于堂，案列通書、
>
> 正蒙之冊，可謂有益于世乎？〔註106〕

由此可知明末學者崇尙虛假空談、鮮實用之弊所發，而思有以救之。

　　魏禮性慷慨，樂施與，亦喜任難事，當魏際瑞、魏禧相繼去世後，易堂諸子各散他處，只有魏禮獨自率領妻兒居守翠微峰，直至康熙三十二年（1693）逝世，卒年六十七歲，生有二子世俶、世儼。著有《魏季子詩文集》十六卷行於世。

（四）彭士望

　　彭士望（1610～1683），本姓危，字躬菴，又字達生，號樹廬，明代文學家、隱士，亦諸生，明末清初南昌人，後入寧都籍。士望自幼聰慧，英姿卓犖，十歲作《除夕詩》，十六歲補縣學生，與新建歐陽斌元相磋經世有用之學。崇禎十二年（1639）父逝世，臨終時囑其當以黃道周爲師，士望即前往拜見，並對黃道周爲人正直、不阿附奸佞的品質深爲敬佩。據《江西省‧贛州府志》載：

> 彭士望，字躬菴，南昌人，少有儁才，好經濟有用之學。崇禎己卯
>
> （1639），父晳病且革，閱邸抄，見漳浦黃道周（1585～1646）平
>
> 臺召對語，拊枕嘆曰：鐵漢也，顧謂士望：當以爲師〔註107〕。士
>
> 望經理喪事畢，即裹糧行，謁道周，道周則已爲解中丞學龍薦重觸
>
> 帝怒，繫獄，士望傾身營護，會太學生涂仲吉上疏，下詔獄，杖辭，
>
> 連士望，禍幾不測；後道周〔註108〕論戍，事乃解；尋參揚州幕，

〔註106〕見魏禮〈與鄒幼圃書〉《魏季子文集》卷八。收於《清代詩文集彙編》114 冊
　　　　（上海：上海古籍出版社，2010 年），頁 352。

〔註107〕此與《寧都直隸州志》中記載略有差異，州志內容言：彭士望少奉父命，師
　　　　事漳浦黃公道周，適黃公以事被逮，士望閱邸抄，見道周平臺召對語，拊几
　　　　嘆曰：「鐵漢也，眞士望師。」於是裹糧行謁，傾身營護，周旋緹騎，慷慨不
　　　　撓，公卿咸敬之。詳見（清）黃永綸、楊錫齡等纂修《江西省‧寧都直隸州
　　　　志五》《清道光四年刊本》卷二十三〈寓賢志〉。收於《中國方志叢書》華中
　　　　地方第 882 號（台北：成文出版社有限公司，1989 年），頁 1872。

〔註108〕黃道周（1585～1646）號石齋，天啓進士。崇禎初，進右中允，曾疏陳時事，
　　　　語刺大學士周延儒、溫體仁，斥爲民。九年（1636）復故官，時溫體仁方構
　　　　東林、復社之獄，乃因災極陳「國無是非，朝無枉直」，旋充日講官，遷少詹
　　　　事。又疏劾楊嗣、陳新甲、方一藻，觸怒思宗，謫戍廣西。

未久辭歸〔註109〕。與林時益徙家寧都，時江右學者，星子曰髻山，

南豐曰程山，寧都曰易堂，所講習皆以名節、詩文相砥礪，士望尤

敦鄉誼，人咸頌其德化，聲名藉甚；鄉人有死節者，其子幼被掠，

士望傾橐贖之，爲娶婦，其急風義、篤故舊，至老不衰云，壽七十

四。〔註110〕

從這段記載可知彭士望早年曾從事政治活動，甲申國變後，南明弘光時，史可法督師揚州，彭氏曾被召前往參其幕，與摯友歐陽斌元（字憲萬）一同向史可法進奇策，請用高傑、左良玉兵清君側之惡，然此計未見用，遂辭歸。其後楊廷麟守贛州抗擊清兵，彭氏又應楊廷麟之召，主持戰守，護軍西行，但後來事敗，楊廷麟死節，當清兵二十萬人圍攻南昌，彭士望遂攜妻子徙居寧都，居翠微峰與魏禧、魏際端、魏禮三兄弟以及林時益、李騰蛟、邱維屏、彭任、曾燦等九人志氣相投，躬耕相食，論道講學於寧都易堂，與當時聞名的程山謝文洊、髻山宋之盛，彼此以名節、詩文相講習砥礪。

　　彭士望性格之「嚴烈」，可從《府志》所載兩事見之：其一是他傾力營護黃道周；其二是於楊廷麟死後，傾囊尋救其遺孤，並撫養至成人，由於士望的政治閱歷豐富、氣宇非凡，遇事常常感慨激昂，所以當南明隆武元年（1645），其對仕途相當失望，索性辭歸隱居，成爲「易堂九子」之一，常與程山謝文洊、髻山宋之盛等人相往來。其嘗曰：

天下學者之病在於虛。經義氣節，曠達文章，皆虛病也。〔註111〕

又曰：

學者凡病皆可醫，惟僞不可醫。〔註112〕

〔註109〕參考李才棟《江西古代書院研究》（南昌：江西教育出版社，1993 年 10 月）
　　　　頁 372。按：甲申（1644）變後，史可法督師揚州，招之，至則進奇策，請
　　　　用高、左兵清君側之惡，不能用。南明隆武元年乙酉（1645），攜妻子同林時
　　　　益徙居寧都。
〔註110〕見（清）魏瀛等修、鐘音鴻等纂《江西省·贛州府志三》〈清同治十二年刊本〉
　　　　卷五十七〈隱逸志〉。收於《中國方志叢書》華中地方第 100 號（台北：成文
　　　　出版社有限公司，1989 年），頁 1068。
〔註111〕見（清）鄭昌齡、梅廷訓等纂修《江西省·寧都縣志二》〈清乾隆六年刊本〉
　　　　卷六〈隱逸志〉。收於《中國方志叢書》華中地方第 881 號（台北：成文出版
　　　　社有限公司，1989 年），頁 623。
〔註112〕見（清）鄭昌齡、梅廷訓等纂修《江西省·寧都縣志二》〈清乾隆六年刊本〉
　　　　卷六〈隱逸志〉。收於《中國方志叢書》華中地方第 881 號（台北：成文出版
　　　　社有限公司，1989 年），頁 624。

彭士望學說大抵以王陽明、羅洪先〔註113〕之說爲主，致力於古文辭，尤精於《春秋》、《左傳》諸史，傾向實用之學，講求反對空談，治學尤以躬行爲本，又以「恥菴」名其堂，此「恥躬之不逮」〔註114〕的自我期許，想見其人格。

彭士望精於《春秋》、《左傳》諸史。卒年七十有四。著有《恥躬堂詩文集》、《春秋五傳》、《手評通鑑》並行於世。

（五）林時益

林時益（1617～1678），原名朱議霶，江西南昌人，爲當時著名的文學家、詩人、隱士，生於明神宗萬曆四十六年，卒於聖祖康熙十七年，明宗室益王後裔，原姓朱，名議霶，字用霖，一字作林，人稱「朱中尉」，入清，棄原名改姓林，字確齋。時益自小聰慧，結交甚廣，慨然有當世之志，稍長以賢德聞名，性豪邁，善交四方技勇豪俠之士，佐理父親江夏知縣政務。父卒，返南昌。

清初爲避禍變姓名，林時益寄籍寧都，師事歐陽斌元，與南昌彭士望同里，共謀居處，彭士望與魏禧一見定交，極言金精諸山可隱居耕種，時益乃隨彭士望同往寧都金精山翠微峰，講「易」讀史，一以實用爲歸，至此僑居十餘年，躬耕自食，明亡，則隱姓埋名，隱居翠微峰，與彭士望、魏禧、邱維屏等人互相切磋講習、討論詩文。

康熙七年，清廷詔明故宗室子孫，凡明宗室竄伏山林者，可還田廬，復姓氏，時益久居寧都，不願歸里，卜居冠石，結廬傭田，終身躬耕，非其力不食，其妻亦親自操鋤畚力作，晚則課子經史。《朱中尉傳》中有記載其隱居山中的生活：

> 既日貧，中尉曰：不力耕不得食也。率妻子徙冠石，種茶，長子楫孫，通家子弟任安世、吳正名，皆負擔親鉏畚，手爬糞土，以力作，夜則課之。讀《通鑑》、學詩，間射獵、除田豕。有自外過冠石者，見圃間三四少年，頭著一幅布，赤腳揮鉏朗朗然歌，出金石聲，皆竊歎，以爲古圖畫不是過也。……結廬冠石，傭田而耕，冠石宜茶，

〔註113〕羅洪先（1504～1564），字達夫，號念菴，江西吉水人。明代學者，嘉靖八年（1529）進士。羅洪先在理學方面，是王陽明學派的重要繼承者和開拓者，屬江右王門學派。去逝享年六十一歲，諡文恭。著有著有《念菴集》二十二卷，《冬遊記》一卷，另有《冬遊記》、《廣輿圖》傳世。

〔註114〕此爲孔子所云：「古者言之不出，恥躬之不逮也。」（《論語。里仁》）。

時益以意製之，香味擬陽羨，所謂林茶者也，工書，喜爲詩，晚又

好禪，嘗素食持經咒，尤嚴殺生戒，見者以爲老農老僧，不復識爲

誰何之人。〔註115〕

以上內容得知，林時益晚好禪悅，自得於躬耕、讀書、教學生活，最後終老
冠石，喜爲詩，善工書法，爲清初書法名家，又善製茶，香味可與陽羨茶相
比，世稱「林茶」。

林時益卒年六十一歲，其文多不傳，僅著《冠石詩集》、《確齋文集》和
《朱中尉詩集》並行於世。

（六）李騰蛟

李騰蛟（1609～1668），字力負，號咸齋，江西寧都人，明廩生，自小聰
穎，四歲識卦，即過目不忘。明亡後，入翠微峰與易堂諸子相交，爲九子中
年紀最長者，性誠厚愛，有儒者之風，諸子皆以兄禮相待，嚴敬毋敢戲。後
徙居三巘峰，以經學授生徒達三十年，弟子前來與之從學，皆裒衣籜冠，朝
夕歌詩，揖讓折旋入其室，雍雍有儒者風。

騰蛟爲人純樸，喜性讀書，與臨川陳澄泰、羅萬藻、甯化李世熊、邑人
邱維屏常以文會，好論《易》，兼攻詩文。國變後一直堅持著明人衣冠，折
節自下，與人交未嘗有隙，人有秕行，務掩覆優容之。其詩慷慨激昂，錚然
有聲，多發興亡之恨。根據《江西省‧寧都直隸州志》記載：

先生當乙丙間，除諸子籍，二十年非法之物，勿服也，非法之人，

勿見也，可不謂貞乎？性誠厚愛人，與人熙熙然，惟恐傷之，雖子

弟門人犯之勿較，可不謂惠乎？〔註116〕

眾人議其生平，稱其心胸坦蕩，遇後進忤犯，從不計較，遂私諡其「貞惠先生」。

〔註115〕見魏禧〈朱中尉傳〉《魏叔子文集外篇》卷十七。收於《清代詩文集彙編》92
　　　　　冊（上海：上海古籍出版社，2010年），頁564。林時益生平略述亦可參考（清）
　　　　　黃永綸、楊錫齡等纂修《江西省‧寧都直隸州志五》〈清道光四年刊本〉卷二
　　　　　十三〈寓賢志〉。收於《中國方志叢書》華中地方第882號（台北：成文出版
　　　　　社有限公司，1989年），頁1871～1872。

〔註116〕見（清）黃永綸、楊錫齡等纂修《江西省‧寧都直隸州志五》〈清道光四年刊
　　　　　本〉卷二十二〈儒林志〉。收於《中國方志叢書》華中地方第882號（台北：
　　　　　成文出版社有限公司，1989年），頁1688。李騰蛟生平略述亦可參考（清）
　　　　　魏瀛等修、鐘音鴻等纂《江西省‧贛州府志三》〈清同治十二年刊本〉卷五十
　　　　　七〈隱逸志〉。收於《中國方志叢書》華中地方第100號（台北：成文出版社
　　　　　有限公司，1989年），頁1035。

李騰蛟爲九子之中最早逝世者，卒年六十，著有《周易臏言》、《半廬文稿》、《易堂三處士稿》。

（七）邱維屏

邱維屏（1614～1679），字邦士，號慢廡，一作漫無，江西寧都人，明諸生，易堂九子之一，人稱「松下先生」。維屏爲道地的客家後裔，年幼時家境貧困，但他嗜書如命，足不出戶，博覽群書，弱冠之年列諸生。二十三歲則縣考名列第一，但由於明亡於清，維屏棄諸生服，隱避翠微峰，築廬而居，與魏際瑞、魏禧、魏禮及彭士望等，同爲易堂學子，是三魏姐夫。魏禧嘗從其學古文，後又同講學於易堂，躬耕自食，授徒造士，切磋學問。維屏高雅恬淡，終生不言人短，彭士望與其結交三十五年，未嘗見其毀一人。名宦張尚瑗曾稱其：

> 於河洛、圖書、象數，神解默契。旁及渾天、周髀、勾股、西泰之
> 學，凡諸算術，妙絕一時。語及九章之學，必精詣出人意表。〔註117〕

讚揚維屏是易堂九子中古文最精，學識淵博，中西兼通，文理兼長的學者。維屏爲學本於六經、左、國、史、漢，旁及諸子、百家，晚年精研曆數、易學及泰西算法，皆不假師授，冥思心悟神解，連明末清初桐城學派首領方以智，也對其佩服至致。

邱維屏生性靜默，與人相對可數日不發一言，若談起學問，則日夜言之不倦，要是爭辯事理，則聲高氣湧，面紅耳赤，脖筋暴起如箸，其對學生教誨不倦，寫起文章，嚴謹窮力，常爲一字不定，數日數月不成篇。今所見的《松下先生文集》，多爲魏禧、彭中叔等人抄存而來。

邱維屏一身傲骨，對貧苦人俯首相迎，見人有難，不顧己貧，仍解囊相助。其視明亡於清，是國仇家難，堅持砥礪氣節，絕不入仕清廷，於是他走上砥礪氣節、切磋學問、授徒造士的抵抗道路，認爲住可陋，食可單，衣破無所謂，但爲人處世，從不苟且馬虎，也不攀附權貴。其卒於康熙十八年（1679），年六十六歲。著有《松下集》十二卷、《邱邦士文集》十七卷、《周易剿說》十二卷，和《周數曆法》。

〔註117〕見魏禧〈邱維屏傳〉《魏叔子文集外篇》卷十七。收於《清代詩文集彙編》92
　　　　冊（上海：上海古籍出版社，2010年），頁566。邱維屏生平略述可參考（清）
　　　　魏瀛等修、鐘音鴻等纂《江西省·贛州府志三》〈清同治十二年刊本〉卷五十
　　　　七〈隱逸志〉。收於《中國方志叢書》華中地方第100號（台北：成文出版社
　　　　有限公司，1989年），頁1035～1036。

（八）曾燦

曾燦（1622～1688），原名傳燦，字青藜，又字止山，江西寧都人，爲明兵部給事中曾應遴的仲子，與兄曾畹（字庭聞）并工詞章，喜然諾，號爲「二曾」。曾燦少負詩名，爲文學家、隱士，早年父親病逝，服喪完畢，即削髮爲僧，遠遊閩、浙、兩廣，後因母親及祖母思念成疾，燦終始歸，並奉祖母命娶妻，築六松草堂，自號「六松老人」，躬耕事親，晚年僑居江蘇二十餘年，客游燕市卒。

曾燦自幼與魏禧比戶而居，長大後又是同學，自十三、四歲時，即以古朋友相望責，所以有避亂之需時，自然選擇易堂。曾燦以兄長事魏禧，有小過，每面折之，故此二人之交情在易堂諸子中算是最要好的，雖然曾燦交游廣闊，但在易堂居住時間並不長，所以在堂中不屬於重要角色，對易堂的態度也沒有很積極，反而是其兄曾庭聞與九子往來較爲密切。

曾燦爲人愿樸沉摯、性情豪邁、才華洋溢，以風流相尚，及遭世變，更歷患難。其爲文觀察銳利，氣勢盛大，不但明白透徹，並且清眞淡泊，爲詩工美多豔，其詞則多反映風土民情，鄉土氣息濃郁。著有《六松堂文集》、《止山集》、《西崦草堂詩集》、《過日集》並行於世。

（九）彭任

彭任（1624～1708），字中叔，又字遜仕，號「草亭先生」，江西寧都人，明諸生，文學家、隱士。彭任爲人重道義、有膽識，講義氣，性情恬淡，德量寬宏，望之儼然可畏，近之則溫和仁慈，生平不稍有懈怠。

彭任務爲有用之學，嘗論朱陸異同，謂學者之病，持論頗平，因其不入城市達四十年，當時官府聽其大名，邀請他到白鹿洞講學，他以有病爲藉口推辭，其平生僅到過南豐程山，訪其友謝文洊與甘京，未嘗再適他城。其在《論朱陸異同》中道：

> 學者之病，不在於辨之不晰，而在行之不篤。〔註118〕

彭任認爲當時學者的弊病，不在於不明辨剖析，而在於不實際篤行，表示提倡濟世實用之學。

明亡後，彭任隱居甘貧，結廬蠔山，所居取名曰「草亭」，足不履城市，

〔註118〕見（清）黃永綸、楊錫齡等纂修《江西省・寧都直隸州志五》〈清道光四年刊本〉卷二十二〈儒林志〉。收於《中國方志叢書》華中地方第882號（台北：成文出版社有限公司，1989年），頁1692。

與魏禧、彭士望等九人講學於易堂，卒年八十四。著有《草亭文集》、《周易解說》、《理學弗措錄》、《禮記類編》。

二、髻山——宋之盛

髻山為廬山的支脈之一，座落在星子花橋、橫塘之間，山勢軒然飛舞，蜿蜒綿長，青山綠水，幽雅靜謐，適宜棲隱讀書。明末遺老宋之盛不願仕清，歸隱山中，與同鄉吳一聖〔註119〕、余暉〔註120〕、查世球〔註121〕、查轍〔註122〕、夏偉〔註123〕及門人周祥發〔註124〕共同講學，世稱「髻山七隱」，而七子當中以宋之盛與謝文洊交往最繁，本節以介紹髻山七子中最著代表性人物——宋之盛為主，一窺其生平性格、思想主張，及其和謝文洊的互動往來。

宋之盛

宋之盛（1579～1688），字未有，星子人，少孤，事兩兄如父，以授經自給，因居匡山下白石村，人稱為「白石先生」。宋之盛的家鄉原在星子，崇禎十二年（1639）考取舉人，但不久明朝滅亡，之盛即更名惕，並且結廬髻山，足不入城市；與同里查轍、吳一聖、余暉、查世球、夏偉及門人周祥發講學，時稱「髻山七隱」。

宋之盛是個正統文人，起初對王陽明理學很有研究，去蕪存菁，時有新解，但因當時接受不了清廷統治，所以乾脆遁隱起來，一心致力轉於程朱理學的闡釋與宣揚，特別是在晚年專攻程頤主敬說，持敬相當謹嚴。之盛的老鄉吳一聖當過白鹿洞主，查轍則通曉天文、律曆、勾股、醫術，而夏偉刊刻過《白鹿洞書院志》，都與宋明理學頗有淵源關係，共同的愛好和志趣，將他們緊密聯繫在一起聚集髻山，彼此講學不輟，互相切磋，體學精勤，培植起很大的名聲。

「髻山七隱」中名氣最大，成果最豐者當屬宋之盛，其以「明道」為宗，以「識仁」為要，對佛、老二氏的微言奧旨，皆能抉摘異同，形成獨特之理論見解，於是被學者稱為「髻山先生」，其與南豐講學的謝文洊相交甚契，並

〔註119〕吳一聖，字敬躋，星子人，崇禎己卯舉人。
〔註120〕余暉，字卓人，星子人。隱居教授，建宗祠，萃子弟讀書其中。
〔註121〕查世球，明諸生。明亡，募勇士圖舉義兵，順治五年，逮赴江南，不屈死。
〔註122〕查轍，字小蘇，星子人。通天文、曆法、算學，兼精岐黃。
〔註123〕夏偉，生平不可考。
〔註124〕周祥發，生平不可考。

有時名。當時宋之盛常與甘京論祭立尸，喪復之，禮不可廢，魏禧極稱之，晚年又讀胡居仁的《居業錄》，持敬的功夫可說是更上一層樓。著有《求仁編》、《丙午山閒語錄》、《程山問答》、《髻山語錄》。又刻傳習錄，指出陽明的良知之學，後疑流爲禪學。

宋之盛在康熙七年（1668），戊申五月去世，謝文洊特地到髻山，搜輯其遺稿，以存後世，但遺憾的是僅留存了《髻山文鈔》二卷，無法一窺宋之盛學術之全貌和眞髓，僅其孫宋士宗〔註125〕能傳其學。

廬山是宋之盛朝夕相對的家鄉，其秉持著積小讀書處，名山以當家的心態，讀書講學之餘，也會興致所發，暢遊山中美景，探訪古跡遺蹤，吟詠一番，發點感慨。宋之盛在《智林寺》一詩中寫道：

> 吳障西偏入智林，危岩傍午卽山陰。初通幽處石頭路，及到上方金臂岑。洞色青中涵月性，湖光白塔澹秋心。最憐風壑編僧戶，不斷追呼逐客尋。〔註126〕

表達出「把釣餌明月，流觴泛落霞。有時還獨坐，閑戶足生涯」的寧靜淡泊性格。

宋之盛和謝文洊的交情甚篤，可從當時舉行的會講，和彼此往來頻繁的書信可知。康熙四年（1665），宋之盛來訪程山舉行會講，兩人以書論學有年，至是各質所懷，其中論程子識仁、儒禪差別、程朱學脈，理念可說是相當契合，以致宋之盛不得不歎曰：

> 不到程山，幾乎枉過一生矣。〔註127〕

此次舉會聽者甚眾，程山之學開始繁盛。

其中著名的戊寅舉會，謝文洊專請宋之盛主講，經過再三謙讓，之盛對於「識仁」問題，始闡發其見解，文洊稱讚其體認細微貼切，眞得程子血脈，而兩人對於讀書窮理的權衡拿捏，也發表了一致看法。宋之盛認爲：

> 讀書涵養不可少，窮理則須是隨分講究。〔註128〕

〔註125〕宋士宗，字司秩，雍正丙午舉人，官南豐教諭。乾隆元年，舉博學鴻詞，以部駁不與試。學宗程、朱，著《學統存》、《史學正藏》。

〔註126〕參考網路「維基百科」關於宋之盛生平略述。

〔註127〕見謝鳴謙《程山謝明學先生年譜》收於《年譜叢刊》73 冊（北京：北京圖書館出版社，1998 年），頁 281。

〔註128〕見謝鳴謙《程山謝明學先生年譜》收於《年譜叢刊》73 冊（北京：北京圖書館出版社，1998 年），頁 286。

謝文洊認爲：

> 雖不得讀書，只遇事便與朋文熟商，是亦窮理，雖不得靜坐涵養，
> 只言動之間，加意安詳和緩，是亦涵養。〔註129〕

由此可知，在兩人看來，當時人心陷溺，須以涵養元氣、拯救人心爲先，認
爲只要有「仁」涵養於胸中，無論言語、行動、交友，皆可窮理。

三、其他交游

（一）湯來賀

湯來賀（1607～1688），原名湯來肇，字佐平，號惕菴，別號主一山人，
世稱「南斗先生」。江西南豐人。湯紹中長子，湯來賀幼承家學，通貫古今，
博文爲豫章〔註130〕之冠。進京參加會試中進士，在政以廉潔著稱，時逢災年，
多方賑濟救治災民，並爲無辜受牢獄之災的死囚平反昭雪。湯來賀品行兼優，
爲文武全才，政績卓著，也深得明朝廷器重。明崇禎十八年（1645），清軍攻
破南京，湯來賀聞知弘光帝遇害，爲圖恢復大計，其與明眾遺老共推唐王朱
聿鍵于福州登基，改元「隆武」，號召江南諸省抗清。明朝滅亡後，清廷重臣
範文程、洪承疇久慕湯來賀之名，聞其歸隱曾力薦江西督撫聘湯來賀出山共
謀新朝大業，但湯來賀克守名節，嚴詞拒絕，從此以後其隱居鄉里不問外事，
潛心於著述。

湯來賀交友廣闊，其中對謝文洊的治學理念佩服不已，每過程山必和謝
文洊交流學術，其常說「文洊爲賀之師，非賀之友。」〔註131〕本想奉師文洊，
但文洊固辭，於是清順治十六年（1659），乃以子湯適受業於謝文洊門下完成
己願。清康熙二十四年（1685），湯來賀出任白鹿洞書院任主講，白鹿洞書院
是宋代四大著名書院之一，其教育品質始終位居中國第一，四方學者聞知湯
來賀入洞主講，竟相入洞拜師，其中有甘特、甘建邦父子和湖北潛江七旬進
士莫大岸，均拜於湯來賀門下，因而被士林稱爲美談。湯來賀教學，重在「躬
行」，秉承程朱遺旨，並親立《白鹿洞書院學規》，使白鹿洞書院重振昔日雄

〔註129〕見謝鳴謙《程山謝明學先生年譜》收於《年譜叢刊》73冊（北京：北京圖書
館出版社，1998年），頁286。

〔註130〕豫章，古郡名，唐才子王勃在其《滕王閣序》寫道：「豫章故郡，洪都新府。
星分翼軫，地接衡廬。」所謂豫章郡，廣義而指即今江西省；狹義而言爲今
南昌地區。

〔註131〕見謝鳴謙《程山謝明學先生年譜》收於《年譜叢刊》73冊（北京：北京圖書
館出版社，1998年），頁273。

風，成爲全國書院教育的楷模。

清康熙二十六年（1687），湯來賀因年事已高乃告老還鄉。清康熙二十七年（1688），湯來賀在家鄉病逝，享年八十一歲。湯來賀雖名滿天下，然因他不是朝廷命官故不得諡，但其弟子不甘埋沒先師英名，私諡「文格」以紀念。湯來賀先後完成《鹿洞邇言》、《廣陵敬愼錄》十二卷、《廣陵欽恤錄》十二卷、《粵東鄉約全書》二卷、《粵政薦草》六卷、《奏議存草》、《評點孟學》七卷、《評校呂公實政錄》二卷、《養蒙母音》、《評校政治盡心錄》二十卷、《閨訓邇言》、《廣陵粵東政備》十四卷、《居恒語錄》二十卷、《內省齋文集》三十二卷、《都禦史周定礽傳》等宏篇巨著，文名遍天下。

（二）方以智

方以智（1611～1671），字密之，號曼公，又號鹿起、龍眠愚者，安徽桐城人。崇禎十三年進士，授翰林院編修，少年時代就懷有遠大的理想抱負。早歲接觸東林，主盟復社，與宜興陳貞慧，字定生（1604～1656）廣陵冒襄，字辟疆（1611～1694）商邱侯方域，字朝宗（1618～1654）三人，並稱「明季四公子」。南明時，官禮部尙書，後遭阮大鋮、馬士英中傷，逃往南海，隱姓埋名，賣藥爲生。入清後，拒不出仕，隱居深山，從事著述。順治七年（1650），在梧州出家爲僧，法名弘智，字無可，別號藥地，又稱「墨歷」、「大可」、「浮山」、「智可」、「無道人」、「藥地和尙」、「藥地愚者智」、「江北讀書人」……等，披緇後並無常名，發憤著述之餘，同時秘密組織反清復明活動。康熙三年（1664），應盧陵知縣于藻邀請，到青原山淨居寺任首座。康熙十年（1671），其不遠千里，往來程山，與謝文洊交誼甚篤。

方以智幼稟異慧，十歲即能詩能文，十五歲略可背誦群經、子、史，博綜多通，自天文、輿地、文字、書畫、禮樂、聲音、律數、醫藥、技勇之屬，皆能考其源流、析其旨趣。方以智順應明清之際，崇實致用之時代精神，爲明道經世，以其淵博之學識，坐集千古之智。方以智家學淵源，博採眾長，主張中西合璧，儒、釋、道三教歸一，其以儒學爲主體，融合自西方傳入之科學知識，改鑄老莊、援引佛道，從而形成自創一格、別具風貌之治學途徑與學術思想。方以智一生著述很多，共計有一百餘種，其中最爲流行的是《通雅》和《物理小識》，前者是綜合性的名詞彙編書，後者是一部關於科學見解的筆記，他後期的代表作是《藥地炮莊》和《東西均》，均爲哲學著作，書中提出一些重要的哲學命題，另外還有《浮山文集》、《博依集》、《易餘》、《一

貫問答》、《切韻源流》、《流寓草》、《周易圖像幾表》、《性故》、《學易綱宗》、《諸子燔痏》、《四韻定本》、《內經經絡》、《醫學會通》……等，二十餘種著作盛行於世。

（三）丁誠叔

丁誠叔（？～？），廣昌人。其氣質篤厚而達於事體，與李荸林、謝文洊講義理之學，最愛讀《程門主敬錄》一書。康熙二年（1663），丁誠叔入會，文洊甚喜其氣魄可任道，但明年秋，誠叔即卒，令文洊非常哀傷。

丁誠叔為人機智義勇，當寇踞陽石，害及郡縣，誠叔稔悉賊情，乃議聯絡鄉勇，富者效貲；貧者致力；智者出慮，而董其事於官民，才得以保全家室及郡守。

第三章　謝文洊學述探究

　　謝文洊出生於書香世家，承傳家學，自幼起即勤奮向學，常讀書至夜分而不稍休息，且其畢生聚徒授學之餘，還孜孜於接觸、融會貫通經典，然後專志在努力著述。然文洊著作內容種類極多，包含理學、教育、倫理、史學、軍事學、文字學……等方面，涉及層面廣泛，亦可窺知謝文洊的學識淵博。本章所要探討的重點是以謝文洊的學術著述爲主體，分成三個章節做研究：第一節「著作考述」，簡述謝文洊的十五本著作，探討或存或佚，以洞察其思維理路之方向。第二節「文體概述」，以文學體裁的分類方式，介紹現今台灣存本《謝程山集》的內容概要。第三節「文學風格」，筆者由謝文洊著作中，存有內文並流傳至今的《學庸切己錄》爲例，探討文本中的文學思想風格。因此，本章依謝文洊之著作爲主軸、試圖探究其作品內涵及文學風格的相互關係，以期構成完整之學述成就。

第一節　著作考述

　　謝文洊所有的著作，皆收入於《謝程山全書》中，其內容包含《謝程山集》十八卷和《程山遺書》五十六卷。筆者限於台灣並無《謝程山全書》和《程山遺書》的存本流傳，只能從《謝程山集》其中部分〈序文〉內容作參考，加上謝文洊有些著作出現卷數不一的現象，由於資料有限，筆者僅能由《程山謝明學先生年譜》、《四庫全書總目》、《四庫全書存目》、《清儒學案》、《清史稿》五書中所記載爲準，推究其著作卷數和內容意涵。本節將就謝文洊的十五本著作做清楚的介紹與探究。

一、《學庸切己錄》

　　《學庸切己錄》爲謝文洊著名的著作之一，據《程山謝明學先生年譜》記載，文洊自四十一歲起草，至五十一歲完成，每寫一篇皆精思多日，甚至數月，可想見其用功之勤。《學庸切己錄》首以《講義‧子曰君子有三畏章》發明張子主敬之旨，認爲爲學之要即是「畏天命」一言，學者當以此語時時提醒自己；次爲〈程山十則〉，內容即以躬行實踐爲主軸探討，書中多隨文講解，旁採先賢諸儒之說，而參以己見，其體頗似語錄；卷末附《西銘解》一篇，謂其立義宏深，爲學者探究指歸，篇名不可不尊，因易之曰《事天謨》，以示崇信之意。謝文洊後學干建邦言道：

> 此程山先生切己錄之所由作也，先生沈酣理窟，潛心四子書，首取
> 大學、中庸諸說定其簡要，鈔錄成書，而以己意斟酌，其閱稿幾易
> 而始就。〔註1〕

自宋以來，學者皆把四書奉爲圭臬，其中《大學》由格物、致知，以至治國、平天下，是一部由修養方法以達政治理想的著作，而《中庸》主要即是講述天人之學，闡明天與人之關係，宣揚儒家的正統思想。謝文洊將讀《大學》、《中庸》所得，集宋元以來先賢諸儒之義疏，再斷以己意參會而成。

　　謝文洊的《學庸切己錄》，內容包含〈大學切己錄〉和〈中庸切己錄〉二卷。其開宗明義即談到世道人心陷溺的問題。後學徐乾學作〈序〉彰明書之意：

> 先生集宋元以來諸儒先之義疏，斷以己意而成是書，其篇首以爲學
> 術不明，世道人心之陷溺，皆由於本原不正，本原不正，則工夫不
> 切，工夫不切，則功用成就適足爲禍害。先生之論可謂篤矣，夫古
> 今豈少才人志士，自視不與凡子同流，奮然思，有以追聖賢於曩昔，
> 立功名於當世。……其本原不正、功夫不切，不爲躬行實踐而求之。
> 〔註2〕

謝文洊認爲世道人心陷溺，導因於本原不正、功夫不切，甚至功名成就將淪爲禍害，皆歸咎於無法確實做到躬行實踐所導致。干建邦讀後讚嘆：

> 手錄捧讀之下，未嘗不嘆道學之傳的有宗派，而非毅然獨任，必無

〔註1〕見謝文洊《學庸切己錄》卷首後學干序。收於《四庫全書存目叢書》經部四
　　　書類 169 冊（臺南：莊嚴文化事業有限公司，1997 年），頁 560。
〔註2〕見謝文洊《學庸切己錄》卷首後學徐序。收於《四庫全書存目叢書》經部四
　　　書類 169 冊（臺南：莊嚴文化事業有限公司，1997 年），頁 559。

以闡先聖之心，傳而作末流之砥柱也。……程山之學，則濟世之學
也，程山之所以學，則切己之學也，天下安有己不立，而能道濟天
下者乎。〔註3〕

謝文洊學識淵博，並以道學爲己任，闡明古聖先賢的意志，使天下俊傑皆以
其實學爲準則，士人、學者皆述其嘉言懿行爲依歸，可說是功在名教、道在
天下，此亦稱程山《學庸切己錄》的中心思想爲「民胞物與」。

　　關於《學庸切己錄》有出現各種版本卷數不同的情形，根據《程山謝明
學先生年譜》中記錄之卷數爲三卷，並由髻山宋之盛校閱而成，但由於《四
庫全書總目提要》以及《清儒學案》中記載，《學庸切己錄》之卷數卻皆爲二
卷。《學庸切己錄》爲謝文洊著述中，少數現今保有內文流傳的著作，所以此
卷數不同的情形，筆者判斷很有可能是傳抄上的錯誤，從《學庸切己錄》的
內文看來，其爲二卷的說法較足以採信。

二、《日錄》

　　根據《程山謝明學先生年譜》記載，《日錄》的編輯群非常堅強，本由謝
文洊首著，先經彭士望、李萼林、宋之盛、邱維屏、邵睿明、章愷、林時益、
黃扉、劉良、魏禧、彭任校閱，再經弟子鄒明昌、封濬、黃熙、甘京、曾曰
都、曾秉豫、蔡景定、湯其仁、危龍光、黃采、李其聰、猶子謝德贄，門人
封崿、黃國望、吳士錯參閱，最後由甘京、黃采較編而成。

　　自宋代以來，諸儒學者篤志力學皆有語錄流傳，爲了記載其每日所得，
內容包含讀書心得，學習歷程，和記事備忘……等事物，無論自治或誨人，
其中紀錄之要旨精神，皆不可輕易抹滅，謝文洊以此爲鑒，日有所載著述立
說，並期望能傳於後世而不朽。其後學范承勳在序文中提道：

　　　　其日錄也，則躬行實踐，克己嚴毅，孜孜至老，弗倦之言焉。〔註4〕

《日錄》爲文洊生平紀錄所示，主要垂訓後學必須嚴格堅毅，以躬行實踐爲
準則，時時惕勵自己，並以聖人克己篤實爲己任。

　　謝文洊博學多聞，喜好閱讀書籍，並常在《日錄》中，發表其讀後心得。
以下爲其讀畢《念菴集》之心得偶發：

〔註3〕見謝文洊《學庸切己錄》卷首後學干序。收於《四庫全書存目叢書》經部四
　　　　書類 169 冊（臺南：莊嚴文化事業有限公司，1997 年），頁 560。
〔註4〕見謝文洊《謝程山集》卷首後學范序。收於《四庫全書存目叢書》集部別集
　　　　類 209 冊（臺南：莊嚴文化事業有限公司，1997 年），頁 4。

閱念菴集，見其工夫刻苦，因妄習難了，遂欲終於靜坐，以期凝定。此真披肝瀝膽不肯自欺者。今日學者，逐物度日，誰肯發憤斬截，真為自己性命！試以念菴自鏡，豈得不芒背。但靜坐境遇，非人所易得，不如於日用場中，作收斂凝聚之法。然舍卻「敬」字，更無別路也。但苦倏忽微渺，搖蕩不測，稍稍因循，漸就頑痹，非矯強堅忍，不顧性命，於萬死一生之中，自討活路，未見有出脫之期。羅先生是何等人，尚爾堅苦自矢。我等乃汎汎放逸，真棄物矣！〔註5〕

文洊稱讚羅洪先刻苦靜坐的持修工夫，此披肝瀝膽之性情，可為今日學者所表率，並指出日常生活中須主「敬」而行。另外《日錄》中對於謝文洊「畏天命」之思想也多所闡發：

凡人心懾憚處，必有所著。如小兒怕嚴師，這怕是著在師身上。如吏胥怕官長，這怕是著在官長身上。臨深淵，履薄冰，這怕是著在冰、淵上。此獨知之地，非嚴師，非官長，非冰淵，如何不恣肆？須要知此一念靈明，知惻隱，知羞惡，知辭讓、是非，這便是天命我的性。一念私欲，便隔越此天命，所以夫子說畏天命，便畏此獨知也。此獨知，即鬼神上帝也，即師保父母也，如何不怕得！雖然，得罪鬼神上帝便有災禍，得罪父母師保便有打罵，人所以怕；獨知之地，無災禍，無打罵，人如何怕？須要曉得，無形的災禍打罵，更痛更辱，且召致外面的災禍打罵，如影響之不爽。知此，便不由不戒慎恐懼也。然此等意思，最要人自體會得，如會不得，便昏昏地不識痛癢矣。所以說，小人不知天命而不畏也。〔註6〕

說明小兒怕嚴師、吏胥怕官長，如臨深淵，如履薄冰，此畏懼來源，皆是有形的嚴師、長官本身。而惻隱、羞惡、辭讓、是非之心，即是天命賦予之善性，但只要稍有私欲，便違背天命，必須戒慎恐懼，秉持「獨知」，才可避免招致無形的災禍降臨，所謂的「畏天命」即是畏此。最後強調體會「畏天命」之理，則明白天地倫常之理，若不能通達融會，則易淪為小人而不知天命。

由於謝文洊原編的《日錄草稿》，流傳至後代多有散失，關於現今《日錄》的卷數問題，從《程山謝明學先生年譜》中得知共計四卷，而《四庫全書總

〔註5〕見徐世昌《清儒學案》卷十八（北京：中華書局，2008年），頁749。
〔註6〕見徐世昌《清儒學案》卷十八（北京：中華書局，2008年），頁747～748。

目》記載卻只有三卷，兩書說法稍有出入。筆者根據僅剩的《日錄》文本內容判斷，《四庫全書總目》所言較足以採信。

三、《講義》

從《程山謝明學先生年譜》和《四庫全書總目》得知，《講義》共計三卷，為謝文洊所著，再由封濬、黃熙、甘京、曾曰都、湯其仁、李其聰……等弟子參閱而成。《講義》主要內容為謝文洊對於孔子、孟子和陸象山……等學者之言論，發表其心得體會，並加以闡述主張看法，藉此引導士人治學之宗旨在於「畏天命」，無論飲食起居，皆必須以此理警惕。

康熙四年（1665），文洊好友宋之盛閱讀《講義》後，對於其言論內容大力推崇，並稱讚敬服不已。筆者舉出《講義》其中內文，〈子曰君子食無求飽章〉探討其意涵：

> 世人明知學為第一事，然畢竟精神不鼓舞，意興苦衰颯者，何以故？
> 大抵為俗情淡泊不得，惰習整肅不得，浮氣收斂不得，驕心按抑不得，
> 是以支吾歲月，墮於庸俗之流。其甚也，陷於小人而不知。〔註7〕

文章篇首即表示，為學之要主於精神，必須去除俗情、惰習、浮氣、驕心，而精神不鼓舞，意志不堅定，皆源於俗情淡泊不得，惰習整肅不得，浮氣收斂不得，驕心按抑不得所致，所以若不謹慎戒除，容易流於庸俗、淪為小人而不自知。內文接著說明何謂「俗情」：

> 何謂俗情淡泊不得？如居食二者，是人生之本務，若隨分廳遣，則
> 人欲悉歸於天則；微有愛憎，漸生較量，充其求安求飽之勢，不至
> 於食前方丈，㮦題數尺，不足以滿所願。迨至節義盡毀，廉恥盡喪，
> 為士君子所不齒。原其由，亦不過一念難淡泊耳。如甘淡泊，則心
> 胸清楚，氣概超邁，趣味灑落，自然與道日近，與俗日遠，聖賢根
> 基，即此樹立矣。〔註8〕

說明俗情淡泊不得，並舉居住和飲食為例，表明此二者雖為人生之本務，但若無法克制其私欲，容易淪為互相比較、不知滿足，最後節義盡毀、廉恥盡喪，為君子所不齒。反之淡泊俗情，則心胸開闊、氣概灑落，離聖賢之道不遠。下段討論何謂「惰習」：

〔註7〕見徐世昌《清儒學案》卷十八（北京：中華書局，2008年），頁751。
〔註8〕見徐世昌《清儒學案》卷十八（北京：中華書局，2008年），頁751。

何謂惰習整肅不得？大易曰：「天行健，君子以自強不息。」元化周流，四時運行，晝夜無一息之停，方能化育萬物，亘古常新。君子以一身處五倫，當亦如元化，朝乾夕惕，亹亹不倦，方於性分、職分無歉。然稟氣有清濁，氣清者自不容已，如顏子語之不惰，子路惟恐有聞；氣濁者昏昏無主，如宰予晝寢，冉求自畫。不但己也，妄念邪行，自惰而生；淫朋匪類，自惰而集；聰明精力，自惰而消；身計家業，自惰而敗，其患可勝數哉！誠能起惰為敏，則聖賢事業，任重道遠，皆一肩荷之而存餘矣。〔註9〕

此段說明惰習整肅不得，並舉出易經「天行健，君子自強不息」，由於四時、晝夜運行不止，天地方能孕育萬物，亘古常新，如同君子應該像宇宙天體一樣運行不止，即使顛沛流離，也不屈不撓，必須亹亹不倦、自強不息。妄念邪行，自惰習而產生；淫朋匪類，自惰習而聚集；聰明精力，由於惰習而消失；身技家業，由於惰習而衰敗。所謂君子任重而道遠，唯有戒除惰習，方能達成聖賢事業。關於何謂「浮氣」，內文探討如下：

何謂浮氣收斂不得？血氣輕浮，一舉一動，俱莫能自制。而言為尤甚，出之於口，非躁則妄，躁則麤鄙，妄則悖謬，見於辭氣之閒，小之召辱，大之招禍，所以典籍慎言之訓，最為諄諄。亦非專事緘默，惟先後詳略，輕重疾徐之閒，一不自察，即失機宜，招尤取咎，無所止極。其故皆由志不凝定，中無物以鎮之，沖口而出，但取快便一時耳。夫沸湯在釜，火氣上浮，水自溢出，雖疾颺之，亦不能退，盍於釜下減薪息火乎！所以聖人取訒、取訥，取不出諸口，皆欲人於內地持重，則外守愈固耳。〔註10〕

浮氣意指血氣輕浮，一旦血氣心浮氣躁，容易禍從口出，行為莫能自制，小則召辱；大則招禍，身為君子應當謹言慎行，不可因為一時衝動而躁進。最後談到何謂「驕心」：

何謂驕心按抑不得？凡人以我見為是，則矜高多泰，一往不反，一意一見，無不盡覺己是而人非，雖有道在前，啟發不悟。推其弊，不特一己自誤，在家則誤一家，在國則誤一國。如才高學博，足以張皇其說，則并誤天下後世。一念自滿，為害如此其甚。徵之於史，

〔註 9〕見徐世昌《清儒學案》卷十八（北京：中華書局，2008 年），頁 751。

〔註10〕見徐世昌《清儒學案》卷十八（北京：中華書局，2008 年），頁 751～752。

歷歷而然，人人不免，但有甚不甚耳。氣質和平者既不多見，其餘
則未免有物，外貌雖若謙沖，中實隱然作礙，求其虛受如空谷，聽
言如轉環，恐非有若無、實若虛之顏子，無此風度也。〔註11〕

所謂驕心，多爲凡人自滿而堅持己見，不但排斥他人意見看法，甚至多有批
評。因此文洊強調爲人應該謙沖自牧、虛懷若谷，才是眞正的君子風度。

　　謝文洊認爲，關於俗情、惰習、浮氣、驕心四者，皆爲學者常犯之通病，
只要有其一，即與道相違，何況四者皆具，豈不是士風敗壞，所以身爲學者
必須秉持著俗情消、惰習去、浮氣收、驕心抑之態度，並加上篤志力行之精
神，方可稱之爲好學。

　　由此可知，謝文洊每讀《論語》篇章後，經洞察深意，即標出內文大旨，
並在《講義》中發表其言論觀點，偶發先儒所未發，謂得聖道之心傳。其在
〈子曰知之者章〉，闡述對人性品德「固有」、「增入」的看法：

夫子謂：「知之者，不如好之者。」論其境，自是不如，然愚意，爲
學之序，知固在先，好固在後，但人有秉彝，即好是懿德，如孩提
之童，無不知愛親敬兄，雖有惡人，聞人至性奇情，亦無不怵然動，
慨然歎，此即孟子之所謂良知，陽明夫子舉以爲宗旨者。此好原爲
固有之良，不俟後來增入。所苦者，後來增入之好，日見深重，故
固有之好，日見消奪。有志之士，知之亦久矣，何以仍然故我？必
須將此增入之好，如貨色，如逸欲紛華，如辭章技藝，如祿位之類，
漸自輕淡，將此固有之好，如孝友，如忠恕，如篤友誼，如謙虛受
言之類，漸加濃厚，則於此道，自然由知而好之篤，不患不臻樂境
矣。諸子非無知者也，試自審所好何在，如十分有五在固有，五在
增入，則學也尚易爲力；如十分有七八在增入，僅有二三在固有，
則幾希之存，吾恐漸就漸滅，其狼狽墮落，尚忍言哉！自己性情，
如何欺得自己，頻頻省察，諒亦不難！〔註12〕

文中由孔子言論「知之者，不如好之者」，開始談論爲學之序，舉出孟子所謂
「良知」，即是人天生而本有之德性，此又稱「固有之良」。由於後天「增入
之好」，如貨色、如逸樂、如技藝、如功名利祿之類，日益深重，則先天「固
有之好」，如孝友、如忠恕、如友誼、如謙虛受言之類，日益減薄。謝文洊主

〔註11〕見徐世昌《清儒學案》卷十八（北京：中華書局，2008年），頁752。
〔註12〕見徐世昌《清儒學案》卷十八（北京：中華書局，2008年），頁752～753。

張有志之士，應將增入之好，漸減消磨，並將固有之好，漸加濃厚，達至治
學的正確之道。

四、《左傳濟變錄》

根據《程山謝明學先生年譜》記載，《左傳濟變錄》為卷二卷，於謝文洊
五十三歲時編訂而成〔註13〕，是其經世致用之作。其書自序曰：

> 文洊生也闇，幸而天下事未嘗及身，年已浸衰，足免覆餗之恥。賤貧
> 多暇，授徒左傳，見其時名卿大夫濟君國之險艱，識深力堅，誠有不
> 可及者，因國取數事評註之，得二十八篇。又予友魏裕齋有杜預〔註14〕
> 癖，深謀秘計一一摘抉於字句外，發從來讀左氏者所未發，輯左傳經
> 世一編，而秘不輕出。予得竊窺其五篇，而逸其一，其四則全錄。其
> 評鍾氏伯敬〔註15〕之言，亦時一錄之。夫以予之闇，又老且賤，安能
> 與一時英才抵掌談天下事？惟是取古人陳跡，神而明之，以補天所不
> 足。雖不徵之實事，庶幾心目開朗，俾不至以闇終，則厚幸矣。〔註16〕

從序文可知，謝文洊不但以《左傳》教授學生，並將自己讀《左傳》之心得，
評註為二十八篇，且收錄魏禧《左傳經世鈔》中的四篇，編輯《左傳濟變錄》
而成。謝文洊老友方以智認為：

> 合凝叔《經世》讀之，體用全立，權備二書如左右手，不可偏廢，
> 在運用者，無使之不仁也。〔註17〕

〔註13〕見謝文洊〈左傳濟變錄序〉文末門人李其聰評語曰：「師每於功課之餘，玩月石
室，輒談《左傳》，追摹當日事勢，如耳歷其間，積日既久，乃評次成編，此序
一飯頃即就，旁觀者驚為敏捷，不知吾師蓄之如是其久，瞿塘灩預之波，錦紋
萬頃，豈小沟淺澗所能湧發乎！」《謝程山集》卷十四。收於《四庫全書存目叢
書》集部別集類 209 冊（臺南：莊嚴文化事業有限公司，1997 年），頁 250。

〔註14〕杜預（222～285），字元凱，陝西西安人。西晉政治家、軍事家、學者。生平
最大功績是滅東吳統一中國。杜預博學多才，自稱有「左傳癖」，著有《春秋
經傳集解》，《春秋盟會圖》、《春秋長曆》、《女記讚》……等。

〔註15〕鍾惺（1574～1624），字伯敬，號退谷，湖北天門人。明萬曆三十八年（1610）
進士。曾評點《左傳》三十卷，名《春秋左傳》三十卷，為晉杜預註，明鍾
惺評。收於《四庫全書存目叢書》經部春秋類 126 冊（臺南：莊嚴文化事業
有限公司，1997 年），頁 765。

〔註16〕見徐世昌《清儒學案》卷十八（北京：中華書局，2008 年），頁 744～745。

〔註17〕見謝文洊〈左傳濟變錄序〉文末方以智評語《謝程山集》卷十四。收於《四
庫全書存目叢書》集部別集類 209 冊（臺南：莊嚴文化事業有限公司，1997
年），頁 249。

方以智認為謝文洊的《左傳濟變錄》，含有《經世》、《濟變》兩書之內涵，有體有用，當合而觀之，不可偏廢。

　　可惜謝文洊《左傳濟變錄》二十八篇內容現今未見，《謝程山集》中僅留下序文一篇，我們只能由書名和自序，推知其取捨《左傳》史事之材料和評論之重點。文洊以為處理國事，最難的就是處理變局，向記載春秋時代權變事件的《左傳》學習，可鍛鍊學者御變的智慧。其序文提到：

> 處國家之事，惟變為難。得失成敗，恆在幾微呼吸之間。使闇者當之，惘惘然莫得其方，神亂氣沮，一再躊躇，而大事已去，智不足也。智稟於天，而未嘗不得之於學。恃天者每有奇中之能，然事遂功成，往往以不善居而敗，智於始而闇於終，有足悲者。惟得之於學，以勇則沈，以養則邃，遇事不震不徐，而適投其機，功成之後，又恬然若未嘗有是事者，雖有猜主妒相，而不假以隙，此之謂大智。〔註18〕

謝文洊認為處理國事，最難的就是處理突發的「變」局，因為既為「變事」，則不容許長時間思考的餘地，必須立即下正確的判斷、做適當的反應，故得失成敗，往往就在幾微呼吸之間，若非具大智慧者則無法勝任。所謂「智」一來自於「天」，一得自於「學」，雖然兩者皆能「事遂功成」，但惟有「得之於學」，才可稱為「大智」。

　　謝文洊強調身任天下者，應當具備大智慧，才能應付國家變局，至於如何擁有大智慧？則有賴於「學」，於是把「學」的內容，界定在「經」、「史」及「閱歷鍛鍊」三者。其序文提到：

> 夫學，明理於經，而習事於史，史於學居十之六，而閱歷鍛鍊又居其四。事變無窮，莫可究詰，然能舉古人之成案，精思而明辨之，置身當日，如親受其任，而激撓衝突於其間，如是者久之，則閱歷鍛鍊已兼具於讀史之中，矧身世所遭，得之於動忍，增益其力，又有大焉者乎！以此知得於學者全，而得於天者半。身任天下者，烏可無智？欲智者，又烏可以無學也？〔註19〕

「經」、「史」及「閱歷鍛鍊」三者的比例，前兩者「居十之六」，而「閱歷鍛鍊」則居十之四，不過世事變化無窮，一個人不可能有機會閱歷鍛鍊世間所有的事物，唯有透過「學」，再次強調智慧必須透過學習，尤其是閱讀史書，

〔註18〕見徐世昌《清儒學案》卷十八（北京：中華書局，2008 年），頁 744。
〔註19〕見徐世昌《清儒學案》卷十八（北京：中華書局，2008 年），頁 744。

文洊肯定讀史書有助於閱歷鍛鍊的增加，可獲得眞正的大智慧。

謝文洊表示讀《左氏》要盡古今之變，不可區區固守於《左氏》古人的成案中不知變通。其序文說道：

> 若夫明體適用之學，非全力不足以幾。自共學以至於立，立而能窮不失己，達不離道，不亦可矣！然使時勢安常，則以立者居之而有餘；一有變故，非權曷濟！故學不至於能權，則才不足以御變。天下事既以身入其中，能保其有常而無變耶？至於立之未臻，而急於用權，則將以利爲義，詭御思獲，此又豈識聖人之所謂權哉！春秋時，諸名卿大夫之權，未必一一不謬於聖人，惟是學之有道，則變化在我，雖以小人之智，毒如烏菫，亦未嘗不可泡而製之，以神吾生！人之權得是意而推之，將博觀全史，以盡古今之變，區區守一左氏，恐猶不足以濟吾闇也。〔註20〕

謝文洊以爲吾人所學，用於「時勢安常」時，可「居之而有餘」，然而遇到非常變故，則當濟之以「權」，而《左傳》中就記載了春秋時代，許多名卿大夫謬於聖人之「權」道，其序文中又言道：「春秋時，諸名卿大夫之權，未必一一不謬於聖人」，說明如果「學之有道，則變化在我」，即使運用「小人之智」，也未嘗不可行，意思要活學活用，掌握權變之道。

五、《兵法類案》

根據《程山謝明學先生年譜》記載，康熙十三年（1674），文洊由於避亂，開始在良籌山講學，因讀孫子〔註21〕兵書有感，取篇中要語爲綱，以歷代名將事蹟爲目，編訂《兵法類案》，主張蓄德爲用。《兵法類案》是謝文洊發表「經世爲用」之作，現今雖無內文流傳，但由僅存的序文中，可得知其內文概要。序文首先闡發「德蓄而才乃益大」，表明用兵應以「德」爲本：

> 德蓄而才乃益大，於用無不宜，而於用兵爲尤宜。夫兵以德爲本，以才爲用，德者仁義也，才者智勇也，仁義智勇全，然後可以戰勝

〔註20〕 見徐世昌《清儒學案》卷十八（北京：中華書局，2008年），頁745。

〔註21〕 孫子，姓孫名武，字長卿，出自姬姓，爲春秋末期軍事家、中國著名哲學家，今日在山東、江蘇等地，亦有祀奉孫武的廟宇，多謂之兵聖廟。後人尊稱其爲「孫子」、「孫武子」、「兵聖」、「百世兵家之師」、「東方兵學的鼻祖」，著有《孫子兵法》。

攻取，功成而無後患。〔註22〕

主張用兵以德爲本，以才爲用，將帥有才無德，雖暫能取功，但終不能居功，
必須秉持「德蓄而才乃益大」爲要旨，仁義道德與智勇才能兩者兼具，才可
戰無不勝、斷絕後患。序文接著說明編訂方式和過程：

> 予讀孫子十三篇，千古用兵之法，莫有能出其範圍者，因取篇中要
> 語爲綱，取歷代名將，已成之跡爲目，名曰兵法類案。案者刑名家
> 之公案也，兩造情僞百出，獄吏按律研情，無有或遁及，其案成屹
> 然，如山之不可移，後世理官，苟閱是案，則吏師於是乎在，今取
> 諸將陳跡分類，以實孫子之言，善悟者，神而明之，則奇謀偉略，
> 如汲井然，用之不竭矣。〔註23〕

謝文洊讀孫子兵書十三篇，深感自古以來用兵之法，全盡在此書涵蓋，於是
擷取篇中要語，以歷代諸將陳跡分類，編訂《兵法類案》。內容包含刑名家之
公案，其中蘊藏不乏奇謀偉略，後世理官以此爲吏師，由此可見《兵法類案》
當時已屹然如山、取之不竭。其中舉出項羽成案爲例：

> 予曰不學而闇合兵法，此亦聖人所謂生而知之者，古今有幾。
> 項羽不肯竟學，卒於無成，此可見矣。今以孫子之法，御諸將
> 之事，以諸將之事，表孫子之法，事法貫通，迎機取中，及其
> 熟也。〔註24〕

古今所謂聖人，可以不經學習，天生即能通曉兵法，但實在相當鮮少。可由
項羽不熟習兵法，最後剋死無成，此例足見運用兵法之重要。熟習兵法即是
以孫子之法，御諸將之事，以諸將之事，表孫子之法，此二者事法貫通，則
可妙取功成，而得其本然要領。甘京讀完讚嘆：

> 兵不易言，并不易學，類案可以平時討究，可以臨事參核，將帥爲
> 三軍司命，此書則世世將帥司命矣。〔註25〕

〔註22〕見謝文洊〈兵法類案序〉《謝程山集》卷十四。收於《四庫全書存目叢書》集
　　　部別集類 209 冊（臺南：莊嚴文化事業有限公司，1997 年），頁 252。

〔註23〕見謝文洊〈兵法類案序〉《謝程山集》卷十四。收於《四庫全書存目叢書》集
　　　部別集類 209 冊（臺南：莊嚴文化事業有限公司，1997 年），頁 252。

〔註24〕見謝文洊〈兵法類案序〉《謝程山集》卷十四。收於《四庫全書存目叢書》集
　　　部別集類 209 冊（臺南：莊嚴文化事業有限公司，1997 年），頁 252～253。

〔註25〕見謝文洊〈兵法類案序〉文末門人甘京評語《謝程山集》卷十四。收於《四
　　　庫全書存目叢書》集部別集類 209 冊（臺南：莊嚴文化事業有限公司，1997
　　　年），頁 253。

甘京明白指出，兵法不易言也不易學，文洊得以於《兵法類案》中，侃侃而談用兵之法，實在相當不容易，其認為將帥用兵司命，此書不但可以作為平時探究討論的題材，當面臨危急時，也可以奉為行事查核參考，足見甘京對《兵法類案》讚譽有加推崇至深。

六、《大臣法則》

《大臣法則》全書共計八卷，內容本只存於大陸刊行的《謝程山全書》中，直到近年台灣出版《叢書人物傳記資料類編‧仕宦卷》後，才有較詳盡的內文記載。由後學譚光烈在序文中談到：

> 先生約錄漢張留侯，至宋李忠定公，名臣凡二十人，為大臣法則八卷，其中所採皆上致下澤，制治保邦，不為矯激，不為岸異，完其名，全其實，與君有賴，與國有益，與社稷有關，與生民有福，可為天下後世，為大臣者，準繩律度，備法則也。〔註26〕

說明謝文洊所撰《大臣法則》，從編輯漢代張良至宋代李綱，共計二十位名臣事蹟言行，秉持「完其名，全其實」為依歸，記載傳主的言行事跡相當詳盡，用意期望得以成為後世大臣、君子之言行準繩律度。

《大臣法則》的編輯對於瞭解歷代名臣，如：張良、蕭何、李泌、范仲淹、司馬光、李綱⋯⋯等多位傳主的生平行述和思想內涵，可說是相當程度彌補正史和地方志人物傳記的資料不足。

七、《程門主敬錄》

據《程山謝明學先生年譜》記載，《程門主敬錄》為謝文洊三十九歲時編訂而成，現今並無內文流傳，筆者僅能由序文得知其內容要義，《程門主敬錄》主要是文洊讀《程氏遺書》所得，發表其以主敬為功之旨。序文亦有提到著書緣由：

> 予讀程氏遺書，識主敬之說久矣，然用功作輟，迄今無成，是豈敬之咎哉？是豈非人自負於敬哉？今歲仲春，入程山靜坐，久之，敬心乍復，惕然自懲前非。欲入深山，竭力收攝，作終年不反之計，然細思敬之為法，豈獨宜於靜，而不宜於動乎？何淺之乎視敬也！心一志定，行坐起居日用周旋於敬，不容暫離，既乃恍然，夫子所

〔註26〕見《叢書人物傳記資料類編‧仕宦卷》，（北京：國家圖書館出版社，2010年6月），頁1。

謂「雖之夷狄，不可棄」者，其然，豈不然哉！用敬之餘，益喜閱
遺書，於其凡論敬者畢錄，又廣集諸儒所論以附，統曰程門主敬錄。
〔註27〕

謝文洊表示，先前讀《程氏遺書》，對於主敬之說早有認識，但因爲中途作輟，
遲遲直無法成書，而惕然自懲前非，於是竭力收攝，生活起居皆以敬爲準則，
不容暫離，才恍然體悟孔子所謂「雖之夷狄，不可棄也」之意，於是將《程
氏遺書》中含「敬」的篇章收錄下來，並廣泛收集諸儒所論述附於後，統稱
《程門主敬錄》一書。謝文洊門人曾曰都讀之稱道：

吾輩每苦，志氣怠弛，急讀是編，如芒負背，愧恥之心，不能自己，
即敬心，不能自己也，然而乍復，仍離動靜弗一，自顧朽木糞土，
惟日捧讀斯序，以當鞭策。〔註28〕

門人黃熙讀之亦云：

主敬之說，動靜殊科，終是未透厥旨，吾師如此指示，庶幾免於偏
駁，然而難乎其至矣。〔註29〕

可見門人曾曰都和黃熙對謝氏的《程門主敬錄》，皆抱持著稱讚且積極閱讀的
態度，不但對書中所言「主敬」有所體悟，並且奉爲鞭策自己做人處世的準
則。其序文亦云：

雖其意未必盡出於程門，然提掇淵源，實自程門昉也。其中互相發
明，詮別蘊奧，語淺味深，朝夕省覽，供我飢渴。〔註30〕

謝文洊謙虛的表示，《程門主敬錄》雖未必盡出於程門之語，但其內容含蘊奧
妙，語淺味深，內涵思想已大致和程子相近。髻山宋之盛讀之稱讚道：「先生
一生得力在敬字，故言之親切而有味」〔註31〕。謝文洊在序文最後提到：

〔註27〕見徐世昌《清儒學案》卷十八（北京：中華書局，2008年），頁742。
〔註28〕見謝文洊〈程門主敬錄序〉文末門人曾曰都評語《謝程山集》卷十四。收於
　　　　《四庫全書存目叢書》集部別集類209冊（臺南：莊嚴文化事業有限公司，
　　　　1997年），頁244。
〔註29〕見謝文洊〈程門主敬錄序〉文末門人黃熙評語《謝程山集》卷十四。收於《四
　　　　庫全書存目叢書》集部別集類209冊（臺南：莊嚴文化事業有限公司，1997
　　　　年），頁244。
〔註30〕見徐世昌《清儒學案》卷十八（北京：中華書局，2008年），頁742。
〔註31〕見謝文洊〈程門主敬錄序〉文末髻山宋之盛評語《謝程山集》卷十四。收於
　　　　《四庫全書存目叢書》集部別集類209冊（臺南：莊嚴文化事業有限公司，
　　　　1997年），頁244。

因歎聖人不作，學之無所歸也，千有餘年矣！程子出，始闢此周行。
苟循其途轍以入，其弗克有成者，鮮矣！而或舍之，則不淪於汙俗，
必邁於異端，漂泊汩沒終身，胥溺以亡而已矣，又何學之可言乎！
敬之，敬之！永矢毋悖。〔註32〕

謝文洊再次說明為學「主敬」的重要，若不遵循而另行他道，則不免淪為汙
俗，甚至流於異端，千萬要謹記實行，不可輕易悖離。

八、《風雅倫音》

《風雅倫音》卷數二卷，為謝文洊四十歲時編次完成，現今並無內文流
傳，我們可從序文窺知《風雅倫音》的內容，主要是發表世風日下、倫紀敗
壞的原因，皆歸因於「情薄」所致，進而引導出「救倫莫切於救情」的觀點。
其序文提到：

嗚呼！倫紀之壞，尚忍言哉。子臣弟友之不能各盡其道，以至於乖張
變亂，尚忍言哉。有心者，莫不撫膺傷懷，而不知救之之道之所出。
予以為，救世須救倫，救倫莫切於救情。情也者，五倫之血脈也。人
之一身，血脈不運，則五官百骸不相附屬，小則違和，大則痿痺，醫
家謂之不仁。今五倫之不仁，可謂極矣！其弊皆起於情之薄。〔註33〕

謝文洊認為世局敗壞，五倫之間不能各盡其道，皆因「人之情薄」所致，「情」
好比五倫之血脈，血脈不通，五官百骸則不相合，小則違和，大則痿痺，後
果相當嚴重。其認為挽救頹風須先從救倫做起，救倫莫切於從救情著手。其
序文接著談道：

上下彼此之間，泛泛然若萍聚，若鷗值，居常則各顧其私，相遺以
詐，依違於儀節之虛文，猶且幾幾莫必。一旦有故，則背負棄捐，
舉非難事。甚則至於賊害悖逆，冤仇慘痛，傷千古君子仁人之心，
而召高天厚地之妖氛災變者，皆薄情之為根也。〔註34〕

人與人為了自己的利益，各顧其私、互相敲詐，遇到困難背信忘義，甚至悖
禮犯紀，此為強調「薄情」對人的危害致深。

謝文洊藉由五倫的分紀拿捏，皆和「情」有密切的關係，進而引出「情」
和「詩」的相互關係。序文亦云：

〔註32〕見徐世昌《清儒學案》卷十八（北京：中華書局，2008年），頁742～743。
〔註33〕見徐世昌《清儒學案》卷十八（北京：中華書局，2008年），頁743。
〔註34〕見徐世昌《清儒學案》卷十八（北京：中華書局，2008年），頁743。

> 夫五倫之分，父子、兄弟、夫婦主恩，君臣、朋友主義，然皆歸於
> 情之不容已，故情厚則恩義重，情薄則恩義輕。吾重惡夫恩義之輕，
> 以致五倫之敗也，而思所以救之，其法利用興。人非木石，自有感
> 通，感通之道，在乎聲音，此聖人所以深達其微，善道其機，而設
> 法最神者也，故曰興於詩。〔註35〕

從父子、兄弟、夫婦主恩，到君臣、朋友主義爲止，都和「情」脫離不了關
係，情厚則恩義重，情薄則恩義輕。而人之情感可以藉由聲音傳達，故稱聖
人所以深達其微、設法傳神，皆興於詩也。

關於《風雅倫音》的編次方式和成書過程，謝文洊在序文中也有詳細的
說明：

> 吾因取三百篇之關於五倫者，分類編錄，仍取法乎正，而不遺乎變。
> 正也者，人生之大幸，而情之至當者也，故綢繆纏綣，愛慕不已，
> 相結以善，而相勉以德。變也者，人生之不幸，而情之無可奈何者
> 也，故雖憂愁哀苦，不能無怨。然或引咎，或假託，或法言，或巽
> 語，或既懲其往，而猶冀其來，愈以見其忠厚。惻怛而不忍，惄然
> 之意，要皆出於情之厚也。五倫之後，又附以警學，蓋以所稟不齊，
> 或過乎情，或不及乎情。有學於此，則或俯而就，或跂而及，一皆
> 以中正爲軌。故學也者，又所以調劑培植此情，以維持五倫者也。
> 編成，日取數章，拊節歌之，覺此中油然欲生，盎然若有一物不能
> 去諸懷，於是作而歎曰，情之感人也如是乎！聖賢之所以爲道，而
> 王者之所以爲善，治基本者，盡在是矣。〔註36〕

《風雅倫音》的編輯方式，爲取《詩經》中關於五倫的篇章，分類編排收錄，
內容摘錄「取正不遺變」，正者，爲人生之大幸，則相結以善，以德勉勵；變
者，爲人生之不幸，亦毫無怨尤，以愁寄託。藉由引咎、假託、法言、巽語，
歸結出調劑培植「情厚」的重要，認爲聖賢之所以爲道，王者之所以爲善，
皆源於此。序文最後說道：

> 嗚呼！世有薄情人，其冷也無由使之熱，其幽陰也無由使之朗，其
> 頑鈍也無由使之動而有恥，其負心而反側也使人駭且惑，而無由推
> 測其所以然，究且法令之所不能禁，告語之所不可入，此其人之肺

〔註35〕見徐世昌《清儒學案》卷十八（北京：中華書局，2008年），頁743。
〔註36〕見徐世昌《清儒學案》卷十八（北京：中華書局，2008年），頁743～744。

腸，豈眞別具者耶？試與之歌詩！〔註37〕

謝文洊認爲世間薄情之人，性格冷漠頑鈍、處事負心反側，行爲總是令人驚駭疑惑，這些現象並不是以外在法令強制所能改變，其語重心長的呼籲應從內在情感之陶冶開始著手，藉由詩歌潛移默化心靈才是正確之道。

九、《初學先言》

根據《程山謝明學先生年譜》記載，《初學先言》從謝文洊二十七歲初稿完成，至四十八歲復校完畢，其間歷經二十多年的修訂補較，爲謝文洊成熟之作代表，內容主要闡發自幼教化對人往後發展的影響深遠，藉由朱子的定論篇章完成此著述，以期作爲後世之準繩。可惜現今並無內文流傳，我們僅可由序文得知其編訂時代背景：

> 自小學不興，士心士品凡庸而不可救，率由童稚之年，父兄師長眩
> 之以辭章，欣之以功利，俾其知能榛喪，私欲牢固，不可以拔於此，
> 而欲其聞仁義道德之言，惕然有動於中也，不亦難乎！嗚呼！民生
> 之不幸，實教化之衰，有以陷溺之至於此也。〔註38〕

謝文洊認爲小學不興，士人道德淪喪、品德墮落，導因於自幼受到的教化影響所致，從小眩之以辭章，欣之以功利，自然使其心私欲牢固，毫無仁義道德可言，是民生之不幸，時局陷溺至此，實在是教化的失策。

關於文洊《初學先言》的命名由來，即是受到楊億〔註39〕家訓的啓發，內容則以朱子理論爲根本。我們由序文得知其成書過程：

> 善夫！楊文公家訓曰：「童稚之學，不止記誦，養其良知良能，當以先
> 入之言爲主。蓋年方童稚，如繪師之有素地，或施之墨，施之丹，無
> 有不受，一受之後，永不可移，惟繪師矜惜其始，斯不至枉其素地耳。」
> 子閒取先儒格言，及古人至性篤行、易悅人心目者，本朱子小學〔註40〕
> 敬身〔註41〕、明倫〔註42〕篇目，以經爲正，以儒先嘉言爲廣，以古人

〔註37〕見徐世昌《清儒學案》卷十八（北京：中華書局，2008年），頁744。

〔註38〕見徐世昌《清儒學案》卷十八（北京：中華書局，2008年），頁745。

〔註39〕楊億（974～1020），字大年，建州浦城人。北宋文學家，擅長西崑體。性耿介，尚氣節，卒諡文，人稱「楊文公」。著作多佚，今只存《武夷新集》二十卷。

〔註40〕《小學》由朱熹編著，爲舊時社會的小學教材，爲宣傳孔孟之道，向兒童灌輸封建思想和道德觀念。全書共六卷，分內、外篇，內篇四卷，外篇二卷。

〔註41〕〈敬身〉收於朱熹《小學》內篇，主要論述恭敬、修養功夫。

善行爲實，彙次爲一書，因楊文公之意，名曰初學先言。〔註43〕

楊億家訓表示，兒童自幼啓蒙時期，不僅止於背書記誦，應教授其良知良能，使之道德觀念根深蒂固的養成，才是學習的關鍵。謝文洊取古聖先賢爲例，並以朱熹著述《小學》中的〈敬身〉、〈明倫〉篇章爲準，經楊億家訓的啓發，再由先儒賢者的嘉言爲廣、善行爲實，彙編《初學先言》而成。易堂彭任讀之稱道：

三代盛時，風俗醇美，實由小學之教育，以端其基，此書行庶，其可以復古。〔註44〕

彭任稱讚謝文洊《初學先言》爲小學之教育基礎，讀之得以回復三代之醇美風俗。

最後謝文洊在序文中提及編次《初學先言》的理想，以及期望達成之效果：

使爲人父兄師長者，於子弟經書之隙，或解課游息之下，爲之講習，日月浸漬，深入不覺，又每即事提撕，俾知取法，久之氣質自美，習俗自化，則人才有造，在鄉閭可以爲前後輩矜式，在國家大之備朝廷之楨幹，小之供郡邑四方之任使，轉移世樞，其機豈不於是寓乎！然此書必爲父兄師長者欣然有會於心，知學有歸宿，然後樂取而教子弟，則「初學」之爲言，該父兄師長而言也。嗚呼！上智之資，得此爲基，又擴之以經史，其足以彰盛德大業，固矣！即資屬中下，果敬守是編，終身不易，又豈失爲聖賢之徒哉！予蓋驗諸古人，而知其不欺也。〔註45〕

謝文洊期望《初學先言》得以發揮教育的作用，造化道德、作育人才，可以爲後輩矜式，求學問以此書爲基礎，謹記瞭然於心，並樂於取法教授子弟，則開創盛德之大業指日可待。門人甘京讀之敬佩文洊「諄摯懇到，聞言足興〔註46〕」。後學徐乾學亦稱《初學先言》可與朱子《小學》並垂不朽。

〔註42〕〈明倫〉收於朱熹《小學》內篇，講述父子之親、君臣之義、夫婦之別、長幼之序、朋友之交。

〔註43〕見徐世昌《清儒學案》卷十八（北京：中華書局，2008年），頁745～746。

〔註44〕見謝文洊〈初學先言序〉文末易堂彭任評語《謝程山集》卷十四。收於《四庫全書存目叢書》集部別集類209冊（臺南：莊嚴文化事業有限公司，1997年），頁251。

〔註45〕見徐世昌《清儒學案》卷十八（北京：中華書局，2008年），頁746。

〔註46〕見謝文洊〈初學先言序〉文末門人甘京評語《謝程山集》卷十四。收於《四庫全書存目叢書》集部別集類209冊（臺南：莊嚴文化事業有限公司，1997年），頁251。

關於卷數的問題，根據《程山謝明學先生年譜》和《清儒學案》中記載，《初學先言》之卷數皆爲二卷，此和《清史稿》中記錄只有一卷產生出入，筆者不排除傳抄錯誤的可能性，由於《初學先言》現今並無內文流傳，僅從序文無從判斷，據此問題尚待考證。

十、《讀易緒言》

《讀易緒言》爲謝文洊五十三歲時開始著述，主要是記錄其與門生授講易學之過程，述以文言自我訓勉。可由《程山謝明學先生年譜》所言得知，《讀易緒言》未成全書。《日錄》云：

> 今日初九，忽省本月，乾卦用事，而本日初九，偶爾開講乾卦，得
>
> 非潛龍勿用，即予終身之占乎。〔註47〕

謝文洊授學內容廣泛，偶爾與門生談《易》，並著《讀易緒言》紀錄其講學實況，本書之內涵主要以《易》爲精，可惜並未完成全書，終於謙卦。後學范承勳讀之說道：

> 其讀易緒言，則宇宙在手，造化生身，參贊位育之學，登先聖之秘
>
> 奧，究性命之根源，非功利俗學所能窺其萬一者焉。〔註48〕

范承勳稱讚此書有達先聖位育之學，內容探究性命奧妙之本源，並非一般功利俗學所能相提並論。

筆者根據《程山謝明學先生年譜》所言，《讀易緒言》卷數爲三卷，但《清史稿》和《清儒學案》兩書，皆顯示卷數爲二卷，而且《清儒學案》又稱其名爲《易學緒言》。因現今《讀易緒言》並無內文或序文之存本流傳，由此卷數上之差異，無法確實考證。

十一、《養正篇》

根據《程山謝明學先生年譜》記載，《養正篇》爲謝文洊所著，全書共計一卷，可惜現今並無內文流傳，也無序文考證。

十二、《大學稽中傳》

根據《程山謝明學先生年譜》記載，謝文洊四十二歲時讀李經綸《大學

〔註47〕 見謝鳴謙《程山謝明學先生年譜》收於《年譜叢刊》73 冊（北京：北京圖書館出版社，1998 年），頁 290～291。

〔註48〕 見謝文洊《謝程山集》卷首後學范序。收於《四庫全書存目叢書》集部別集類 209 冊（臺南：莊嚴文化事業有限公司，1997 年），頁 4。

稽中傳》，謂此書精穩，但稍有字句之累，故刪訂爲一卷。根據《四庫全書總目》記載，《大學稽中傳》本爲三卷，爲明代李經綸撰作。是編攻擊朱子《大學章句》的著作，其內容深闢格物之說，主要以誠意爲根本。

　　上卷凡十章，一爲《稽中》，二爲《原明》，三爲《稽聖經》，四爲《原敬》，五爲《愼致知之要》，六爲《原內外動靜之合一》，七爲《原誠意》，八爲《原正心》，九爲《原修身》，十爲《舉全書》，每章各疏大意於末，其不及治平之事，則謂天德修，而王道隨之也。中卷爲《辨疑》四條，設問答以申上卷之旨，兼抉摘句讀之謬。下卷爲《考證》，引朱子書七條、陸九淵書六條，指出二人其初均有弊，其終均無所偏頗。其內文開宗明義論及聖賢之學主於「思誠」：

> 稽聖賢之學，主曰思誠，其志可立也，其道不可強也。何服？存心之謂服；何趨？力行之謂趨，求人之覺明，而服趨之幾於道矣。是故主則有實求，則有功主之自內，求之自外。致實乎，內求體乎外也；致功乎，外求正乎內也。虛受於人所以模範乎己也；融會於己所以貫通乎人也，是謂人己合一、內外合一，大中之謂，非支離之謂矣。〔註49〕

古聖先賢求學問，主要在於思誠，則志向可以立定，道體不可強求，提出「存心」、「力行」皆人之覺明、皆服趨於道，必須融會貫通做到「人己合一、內外合一」，得以致實致功於內外、虛受模範於人己，達成大中之道。

十三、《七克易》

　　根據《程山謝明學先生年譜》記載，康熙二年（1663），謝文洊四十八歲，刪校《西學七克》完畢，並命名爲《七克易》，總計卷數二卷。其《日錄》云：

> 此番刪校七克，彼教陋處俱已別盡，存者俱切實格言也，置之案頭，可以爲刮骨洗髓之劑。〔註50〕

謝文洊並不反對西學的傳入，主張吸取西學之優點，保存中學之內涵，其將《西學七克》粗陋之處刪剔改校，並保存內容中符合切實之格言，表示此書可以作爲士人刮骨洗髓之劑。其序文首先談論西學和中學實有相似之處：

〔註49〕見李經綸《大學稽中傳》卷一。收於《四庫全書存目叢書》經部四書類 157 冊（臺南：莊嚴文化事業有限公司，1997年），頁3。

〔註50〕見謝鳴謙《程山謝明學先生年譜》收於《年譜叢刊》73 冊（北京：北京圖書館出版社，1998年），頁276。

西士之學，似有得於吾儒畏天命，與昭事上帝之旨，而其天堂、
地獄之說，則又類於二氏，深原其故，蓋亦世使之然歟。唐虞三
代盛時，王法昭明，天命、天討不少，假借迫及陵夷，朝廷之典
章，漸就墮棄，由是善者無所勸，惡者無所懲，孔子不得已而作
春秋，繫以公是公非之空名，以冀一動，夫人心之良，聖澤漸遠，
空名復不足以繫之，而人心益蕩然，如隄潰河決，瀰漫四出，而
無所歸。當此之時，天堂、地獄之說，能禁有心者不為之，張皇
於天壤閒哉是，豈非世使之然哉？予故不復與之深辨，且達於理
者，亦自能不為之蠱也。〔註51〕

指出西方之學有得於中國的儒學思想，而天堂、地獄之說，則和佛、老二氏
思維多有相似之處。從唐虞三代開始，封建制度盛行，由王法緊繫天命，到
孔子以公是公非之名作春秋，以期發揮勸善懲惡的作用，但因時局動盪、朝
代變遷所致，人心無所依歸，此時西方天堂、地獄之說傳入，即發揮其警惕
人心之作用。序文接著談道：

予觀西士自修之功，何其與吾儒克己之學，隱然其有合也。其所著
七克一書，其於情偽微曖，千狀萬態刻露畢盡，而罕譬曲喻尤工，
每於滑稽游戲中，令人如冷水澆背，陡然驚悟，頗有莊生寓言風致，
然莊生令人蕩，七克令人驚。〔註52〕

文洊認識西學靠自我修習，發現其和儒家克己之學有所雷同，其讀《西學七
克》後，稱讚內容千狀萬態，譬喻用詞幽默，常令人有如冷水澆背，豁然醒
悟，頗有莊子寓言風格。文洊序文最後談到其編訂成書完畢之感觸：

予為刪其過中失正者，錄置案頭，以為修省之助，或曰：「子儒者也，
非聖之書不讀，奈何事此。」予曰：「衛道固貴嚴，納言則不貴隘。
芻蕘尚可採，豺心同理，同而漫抑，而擯之乎，吾取長棄短，衛道
之意亦未嘗不寓也。若其本天之旨，則西銘之言已精微廣大，蔑以
加矣，彼荒唐固陋，又豈能擬議其萬一哉？」〔註53〕

〔註51〕見謝文洊〈七克易序〉《謝程山集》卷十四。收於《四庫全書存目叢書》集部
別集類 209 冊（臺南：莊嚴文化事業有限公司，1997 年），頁 251。
〔註52〕見謝文洊〈七克易序〉《謝程山集》卷十四。收於《四庫全書存目叢書》集部
別集類 209 冊（臺南：莊嚴文化事業有限公司，1997 年），頁 251。
〔註53〕見謝文洊〈七克易序〉《謝程山集》卷十四。收於《四庫全書存目叢書》集部
別集類 209 冊（臺南：莊嚴文化事業有限公司，1997 年），頁 251～252。

謝文洊刪校《西學七克》，移除其中失誤處，萃取中、西學之菁華，編訂《七克易》而成，認為「衛道固貴嚴，納言則不貴隘」，捍衛中國傳統道德，並不是頑固守舊；接納西方新奇言論，也不應照單全收，取西學之長補中學之短，才是求學治道的眞詮。

十四、《詩集》

　　謝文洊《詩集》共計一卷，初經好友彭士望、魏禧校閱，弟子甘京、長男謝德宏編定。乾隆十年（1745），再由新城私淑涂登、陳道〔註54〕徵刻而成，主要收入於《謝程山集》中，而文洊的詩作，雖好發議論，但感情眞切寫實。筆者將其《詩集》內容，大體歸納為古體詩和近體詩兩大部分，分別各舉一例來賞析探討。

（一）古體詩
〈花朝夜同彭躬菴偕諸子琴臺玩月〉

　　最迥琴臺月，况值花朝夕，追隨盡勝流，月與人莫逆，諸峰混茫中，直似宋家墨，春江水氣升，英英一縷白，漁燈間野火，熠燿浮屠北，高空納四遠，煙樹幽光色，一顧一奇絕，浩歌響山石，歌罷問獨孤，絃聲幾時寂，似聞一再鼓，隱隱山河側。此月曾照君，此地猶如昔，讀君憂患詩，愛國見胸臆，今夕感同游，行行重惻惻。〔註55〕

此詩爲謝文洊抒發與彭躬菴等諸子夜遊之感，首先由描述風景開始，花朝夕月、江水氣升，漁船燈火、樹影幽光。有如此美景及諸友相伴，爲人生莫大之樂趣，接著話鋒一轉，「此月曾照君，此地猶如昔」，藉景抒情發表今非昔比之感，愛國之心、憂患之情呼之欲出。

〔註54〕陳道（1707～1760），字紹洙，號凝齋，江西黎川人，清代文學家、理學家。陳道從小品行端重，剛入塾學，白天聽老師講課，晚上則隨父聽誦《小學》、《近思錄》，並以此作為學行準則；稍長，協助父親治理產業及施行善事，一有閒暇，便手不釋卷，孜孜於學；後從師廣昌黃永年，鑽研宋儒理學，兼攻水利農田、軍政邊防等書籍。陳道尊崇周敦頤、程顥、程頤，並研習陸九淵，王守仁之主張。

〔註55〕見謝文洊〈詩集〉《謝程山集》卷十八。收於《四庫全書存目叢書》集部別集類 209 冊（臺南：莊嚴文化事業有限公司，1997 年），頁 317。

（二）近體詩

〈復修南臺山二世祖處厚公墓感賦〉

> 吉光片羽憶當年，著述精魂問九泉，千古文章仍有命，斷霞殘月倍
>
> 堪憐。〔註56〕

此詩爲謝文洊修復二世祖謝處厚之墓時所作，內容表達其對先祖的無限緬
懷，並藉此抒發自己仕途不遇之感慨。

十五、《文集》

謝文洊《文集》共計十四卷，據《程山謝明學先生年譜》記載，《文集》先
由文洊好友彭士望、宋之盛、邱維屏、魏禧校閱，後經弟子甘京編定而成。由
於《文集》內容多有散佚，所以於乾隆十年（1745），新城私淑涂登、陳道再次
徵刻，至今主要彙編於《謝程山集》中。文洊元孫謝鳴謙在卷首序中評論：

> 先子生平惟性道是，求躬行是篤，自恐旁洩於文字，固不以文詞爲
>
> 工，而言以載道，千百世之下，論其世景慕其人者，又未嘗不於讀
>
> 其書，如身親炙其人也。〔註57〕

《文集》內容繼承韓愈「文以載道」的觀點，主張爲文立意深遠、文筆樸實，
注重文章的思想內涵。後學張伯行說道：

> 其初亦止學，爲文於根本功夫，見處不徹，今約齋先生不事文章，
>
> 專崇道德，而讀其遺書，無非載道之文，有德之言時時吐露於躬行
>
> 實踐之下。〔註58〕

張伯行稱讚文洊平常雖不事文章，一旦爲文即由根本載道，著重躬行實踐功
夫、專崇品行道德修養。

關於謝文洊《文集》的部分，筆者將於第二節「文體概述」中，以《謝
程山集》爲主，取其《文集》中之篇章，並依照文學體裁的分類方式，將文
體性質及內容概要逐一介紹。

〔註56〕見謝文洊〈詩集〉《謝程山集》卷十八。收於《四庫全書存目叢書》集部別集
　　　　類 209 冊（臺南：莊嚴文化事業有限公司，1997 年），頁 322。

〔註57〕見謝文洊《謝程山集》卷首元孫謝序。收於《四庫全書存目叢書》集部別集
　　　　類 209 冊（臺南：莊嚴文化事業有限公司，1997 年），頁 10。

〔註58〕見謝文洊《謝程山集》卷首後學張序。收於《四庫全書存目叢書》集部別集
　　　　類 209 冊（臺南：莊嚴文化事業有限公司，1997 年），頁 6。

第二節　文體概述

　　我國的文體論，發展於魏、晉，盛行於齊、梁。魏曹丕〔註59〕《典論·論文》表示「奏議宜雅，書論宜理，銘誄尚實，詩賦欲麗。此四科不同，故能之者偏也。」將當世文體精分八類：奏、議、書、論、銘、誄、詩、賦。西晉陸機〔註60〕《文賦》論各類文體之特質：「詩緣情而綺靡，賦體物而瀏亮，碑披文以相質，誄纏綿而悽愴，銘博約而溫潤，箴頓挫而清壯，頌優遊以彬蔚，論精微而朗暢，奏平徹以閒雅，說煒曄而譎誑。」相較於《典論》八類，《文賦》所分較爲詳細。

　　劉勰〔註61〕的《文心雕龍》從卷二到卷五是「文學體裁論」二十篇，前一部分屬有韻的文，包括明詩、樂府、銓賦、頌贊、祝盟、銘箴、誄碑、哀弔、雜文、諧讔等十篇；後一部分即是無韻的文，包括史傳、諸子、論說、詔策、檄移、封禪、章表、奏啓、議對、書記等十篇。而蕭統〔註62〕在《文選序》中，所論文體有賦、騷、詩、頌、箴、戒、論、銘、誄、贊、詔、誥、教、令、表、奏、箋、記、書、誓、符、檄、弔、祭、悲、哀、答客、指事、篇、辭、序、引、碑、碣、志、狀等三十六類。蕭統的分類更細膩，但較爲複雜。

　　直到清代姚鼐〔註63〕所編《古文辭類纂》，選錄戰國至清代的古文辭賦等，依其文體共分爲十三類：論辨、序跋、奏議、書說、贈序、詔令、傳狀、

〔註59〕曹丕（187～226），字子桓，三國時期著名政治家、文學家，魏朝的開國皇帝。公元220～226年在位，死後諡爲文皇帝（魏文帝），葬於首陽陵。曹丕在文學方面頗有成就，與其父曹操、其弟曹植並稱爲「三曹」。

〔註60〕陸機（261～303），字士衡，江蘇省蘇州人，西晉文學家、書法家，與其弟陸雲合稱「二陸」，曾任平原内史，世稱「陸平原」。其作《文賦》爲古代重要文學理論著作。

〔註61〕劉勰（465～520），字彦和，生於南北朝時期，中國歷史上著名的文學理論家，其曾官縣令、步兵校尉、宮中通事舍人，頗有清名。劉勰雖任多官職，但其名不以官顯，卻以文彰，一部《文心雕龍》奠定其在中國文學史上和文學批評史上不可或缺的地位。

〔註62〕蕭統（501～531），字德施，小字維摩，江蘇省常州人，南朝梁代文學家，梁武帝蕭衍長子。蕭統諡號「昭明」，故後世又稱「昭明太子」，主持編撰的《文選》又稱《昭明文選》。

〔註63〕姚鼐（1731～1815），字姬傳，一字夢穀，世稱「惜抱先生」，安徽桐城人。清代著名散文家，其與方苞、劉大櫆並稱爲「桐城三祖」。乾隆二十八年（1763），考中進士，曾任禮部主事、四庫全書纂修官。姚鼐晚年先後主講於揚州梅花、江南紫陽、南京鐘山等地書院，曾編選《古文辭類纂》。

碑誌、雜記、箴銘、頌讚、辭賦、哀祭。姚鼐的分類採折中方式，也較爲後世所接納採用。

由於文體名稱眾說紛紜，但萬變不離其宗，仍有其相同之處，因爲文體主要是個揭示文本形式特徵的概念，亦是文學作品最基本表現的形態，產生於現實生活之需要，經歷由簡單到繁雜的發展過程，而寫作者是應現實需要而表達自己的心聲。本節據此原則，將謝文洊著作《謝程山集》十八卷中之文章，取文體共同之名稱，將其內容大略歸納爲下列五種，並分別論述探討：

一、「書」類

《謝程山集》一書中，內容篇數名列第一的即爲「書」類文章，其內容又包含「書信」和「手簡」兩類，筆者將分別舉例說明介紹。

（一）書信類

「書信」是一種傳遞消息、表情達意的工具。自有文字以來，「書信」就是人與人之間聯絡感情、互通消息、表情達意的重要媒介。謝文洊生平交友廣闊，學術會講頻繁，時常需要藉由書信往來和學者們互相交流訊息、討論學術。我們從謝文洊〈壬辰答易堂彭躬菴書〉，可看出其和易堂彭士望、林時益……等學者間，藉由書信交流學術理念之情形：

> 確齋至，相與商訂斯道，大意亦如先生所賜教。然文洊意則以爲，
> 天地萬物總在道中，所以說：「道不可須臾離，可離非道也」；又曰：
> 「誰能出不由戶，何莫由斯道也。」玩此，則世間富貴貧賤，夷狄
> 患難，無一不統於道中。陸子云：「道外無事，事外無道。」蓋道即
> 事，事即道也。今先生所見，似以搶攘息邊中，未必可一一合道。
> 如此，則道是閒中物，忙中則無；是山中物，世中則無，道固如是
> 乎？又以爲論理自是一貫，其奈力量何。夫力量視工夫以爲進止，
> 而志則實不容纖毫移易，況論語明說：「造次必於是，顛沛必於是！」
> 言必於是，則困勉工夫，決不以人力量稍差，別有捷徑，借之以度
> 此造次、顛沛也。〔註64〕

謝文洊表示「道不可須臾離，可離非道也」，說明爲人涉身處事皆不可以偏離正道，無論富貴貧賤，必須從道而行，以道爲準則，並舉陸子「道外無事，

事外無道」，來相印證道無所不在，反對易堂彭士望「道是閒中物，忙中則無，是山中物，世中則無」的說法，說明所謂「道」，應如同論語所說「造次必於是，顛沛必於是」，應時時修持沒有捷徑。

　　謝文洊和彭士望往來交游甚密、交情頗深，但在論談義理時，則常因理念稍有差異而有所爭論，關於解釋「道」之純粹，兩人各有一番理論。可從〈癸巳再答彭躬菴書〉看出此論辯過程：

> 天地間無懸設之理，其意必有所由來；無無故之言，其端必有所由發。……又論此道難造純粹，且留爲後局，文洊是以有「工夫則有淺深，志則不容稍委」之規戒。……夫吾人立志，寧求合道未能純粹，毋以未能純粹而遂不求合道。求合道而未能純粹，則純粹終可期；以未純粹而不求合道，則志已委矣，又何純粹之望乎！孟子之所謂「尚志」，乃在取非其有非義，殺一無罪非仁。今之君子，不能合乎仁義，以至事不立而道與俱喪者，皆不知志之當尚也。先生誠能以尚志之訓爲主宰，以成敗利鈍非臣所能逆睹之語爲輔佐，濟以之，不濟亦以之，生以之，死亦以之，雖與日月爭光，可也，區區建立，豈足云乎！審如是，則事即道，道即事，不論閒忙，山中、世中，均奉此志爲周旋，永矢不渝，又安患工夫之不純粹也哉！〔註65〕

謝文洊認爲天地世間沒有懸虛空設的道理，有其意必有所由來；也沒有無緣無故的言語，有其端必有所發源。工夫有深淺之分、志向不可稍爲怠惰，當人立志時，首要須注重是否合於正道，而不是如易堂彭士望所執著的道理純粹與否；相對而言，若因未純粹而不求合道，則志氣委靡不振，何來純粹可言。孟子所謂「尚志」，則是合乎「仁義」，即是符合「道理」，所以不論生死、閒忙、山中或世中，皆要以「道」奉爲警惕，立志永矢不渝，就不必擔心工夫會不純粹。文洊在〈癸巳再答彭躬菴書〉中，最後談到「聖賢」與「豪傑」之差別：

> 文洊惟患學聖賢之不眞，而不患有遺於豪傑。在先生意謂聖賢難以促至，不如豪傑之易就。而文洊則謂聖賢乃性分中事，隨用隨足，無煩於待；若豪傑挾氣魄以驅馳，其機權作用，必假借於規矩之外，而後可以快意，其功業非不奇特，而功利之根，隱伏而不化，律以

〔註65〕見徐世昌《清儒學案》卷十八（北京：中華書局，2008 年），頁 762～763。

性道，遂有毫釐千里之別。陳仲醇〔註66〕曰：「豪傑險而聖賢穩，豪傑奇而聖賢平。」此自未聞道者論之，則似穩之外有險，平之外有奇，穩與平之不足以自見，則思為險奇，以發舒其壯氣，以表著於千古。其實，概之以道，則但有平穩，而無奇險。揖讓穩而無險，征誅亦平而無奇，以至君可放，弟可誅，權奸之三都可墮，皆至穩而極平，與日用飲食、灑掃應對無以異。若歧穩而為險，歧平而為奇，則總與道歧。既與道歧，則豪傑而不聖賢，在今日亦如景星慶雲之不可得見。〔註67〕

朱子有云：「豪傑而不聖賢者有之，未有聖賢而不豪傑者。」〔註68〕於是謝文洊提到「惟患學聖賢之不真，而不患有遺於豪傑」，其原因即為聖賢行事合於道，可以隨用隨足無需擔憂，豪傑因挾氣馳騁，容易機權巧詐而不守規矩，所以聖賢追求困難，不如豪傑容易成就。其又舉陳繼儒「豪傑險而聖賢穩，豪傑奇而聖賢平」的觀點，論述豪傑行事奇險，不如聖賢處事平穩。所謂合乎道，即是「揖讓穩而無險，征誅平而無奇」，假若以歧穩而為險，以歧平而為奇，將是與道相違背，既然與道相違背，則只可為豪傑，而不可稱聖賢。

（二）手簡類

古代在紙張還未發明前，書信往來皆用削成狹長形的竹片，作為書寫的材料，此又稱為「簡」。延伸至後代改為以小紙條親筆抒寫，彼此間互相往來的書信，稱之「手簡」，又名「手書」。〈答邵先士〉為謝文洊和弟子邵睿明分享其讀書、治學偶得之手簡：

凡資性高超者，初志學，聰明有得用，元妙有得通，滿胸快活，滿口滋味，此時而以布帛菽粟之語進之，直如嚼蠟耳。所貴英偉之才，志切性敏，將夙昔所得意矜惜者，盡數剝落，然後知聖賢仁心愛人，每每極粗極平，老生常談中，正是極精極微，道理所歸宿，甘嗜如飴，不忍吐棄，此克念罔念所以為狂聖之分，非足下虛懷體驗，誰

〔註66〕陳繼儒（1558～1639），字仲醇，號眉公、麇公。華亭（今上海松江）人，為明代文學家和書畫家。自幼聰穎，善繪畫，工詩文、書法，其在中國文學藝術創作中，運用詩、書、畫巧妙結合，構成特有的東方藝術特色。繼儒二十九歲時，取儒衣冠焚棄之，隱居崑山山南，築室東佘山，專心著述，著有《小窗幽記》、《眉公全集》、《晚香堂小品》……等書。

〔註67〕見徐世昌《清儒學案》卷十八（北京：中華書局，2008年），頁763。

〔註68〕見徐世昌《清儒學案》卷十八（北京：中華書局，2008年），頁763。

肯信，及來書。〔註69〕

內容提到追求學問必須妙用變通，才得以體會其中玄妙之處，得知聖賢人心而愛人，達到滿胸快活、滿口滋味；甘嗜如飴、不忍吐棄之境界，此道理之所歸若不是親身經歷是無法輕易體會。

二、「序」類

《謝程山集》一書中，內容篇數位居第二，即為「序」類文章，「序」中又分為「書序」、「贈序」、「壽序」三類。

（一）書序類

「書序」即是對一篇文章、一則詩篇，或一部著作的內容介紹或價值評述，為說明自己或他人著作的撰述旨趣及篇目次第，而現今「書序」多包含介紹和評述兩方面同時進行論述。謝文洊在〈髻山宋未有先生語錄序〉中，表現其書序之寫法風格特色：

> 髻山宋先生早於程子，識仁有深得，本領既正，志切功嚴，日益朗達。乙巳訪予於程山，彼此契合，自程山歸，即取整菴書讀之，一覽無閒，如針芥之合，自此益精，遂復撿察楞嚴，及大慧中峰諸書，洞其底蘊，明其作蠱之由，由是判別諸儒，如指南在掌，隨所奠置，而子午方位，莫可移易，蓋由先生淳厚而頻異，得之天性，又復平心考索，不偏執意見，故其所著求仁編。丙丁諸日錄，皆躬行心得、親切體認之所發，舒以此示天下後世學者，庶幾大匠規矩，不至方員舛訛誤，陷美材於無用之地，先生所志所學，皆有堯舜君民之急，而遭時不偶，年踰五十而卒，僅以所著行世。〔註70〕

謝文洊和宋之盛交情深厚，兩人常相聚會講、談學論道，謝文洊亦曾於匡廬修訂髻山語錄並為其書作序。〈髻山宋未有先生語錄序〉內容敘述宋之盛為人性情道德和治學經歷概要，彭任讀之稱讚其序可當一篇理學源流考讀。謝文洊強調性情純厚，處世躬行，識仁理念醞釀於心坎者，非宋之盛所莫屬。

〔註69〕見謝文洊〈答邵先士〉《謝程山集》卷十二。收於《四庫全書存目叢書》集部別集類 209 冊（臺南：莊嚴文化事業有限公司，1997 年），頁 211。

〔註70〕見謝文洊〈髻山宋未有先生語錄序〉《謝程山集》卷十四。收於《四庫全書存目叢書》集部別集類 209 冊（臺南：莊嚴文化事業有限公司，1997 年），頁 242～243。

（二）贈序類

「贈序」始於唐代，是文人臨別贈言性質的文字，內容多是勉勵、推崇、讚許之辭。古代送別各以詩文相贈，其後凡是惜別贈立的文章，只要不附於詩帙也稱「贈序」，寫法因個人立論而異，多闡明觀點、言辭懇切而意味深長。〈送門人曾有孚之章門序〉為謝文洊送別門人曾有孚所作之序文：

> 吾門曾子若顯，具忠信之質，明程朱之學，而家貧日甚，乃降其志，以醫為藝，吾謂藝即道，道即藝，若顯又何必以治生為疑哉！或有愛若顯，而過為慮者曰：「世以浮偽為尚，而忠信是擯，至於程朱之學，則又若道上古荒唐事，置之聞見，不經之例，操此以行，吾見其乖而少合也。」嗟乎！是不知若顯矣！若顯又豈肯以此而稍自貶損乎！況生之治與否，亦有定命，在不怨不尤，無入不得，若顯講之熟矣，又何慮乎！若顯將負藥囊，以走章門，吾通家子徐生蠐，少年自重，若顯嘉其侍疾能孝，且慕道甚誠，欲偕之遊，蠐家計將落，亦不免於治生者，若顯其併，以此詔之。〔註71〕

陳述門生曾有孚具忠信之質，崇程朱學脈，謙遜敬孝、性誠慕道，平生以行醫為技藝，並在此技藝中通達道理。序中說理通融透闢，言辭間不迂滯、不板執。

（三）壽序類

「壽序」主要是慶祝大壽而作，內容多為稱頌壽者為人修養，及處世風格的文體。〈彭躬菴六十序〉為謝文洊贈予彭士望六十歲之壽序：

> 昔之大儒由斯，而受益者多矣，如王文成、羅文恭，其著焉者，二公初豪邁不能自制，得龍場一謫，石蓮洞閉關三載，然後浮氣振落，功業道德始歸。……彭躬菴先生，陽剛之才，與二公同，自其為諸生時，俠烈馳騁之氣，已一往而莫可禦，聲譽聞於遠方。……今年且六十矣，嘗自以蹉跎無成，有諸葛公年，與時馳意，逐歲去之嘆，夫以先生之才，不下於文成、文恭，功業道德乃分內事，而亦有無成之嘆，何歟？先生所居易堂，為古金精山，四面陡絕百丈，……而先生高臥其中，返求孔孟之道，將以老焉，寧徒三年已哉，則以

〔註71〕 見謝文洊〈送門人曾有孚之章門序〉《謝程山集》卷十五。收於《四庫全書存目叢書》集部別集類 209 冊（臺南：莊嚴文化事業有限公司，1997 年），頁264。

　　仁者之山，居仁者之靜，壽以德增，德以壽進，又何患其無成哉！

　　吾知先生必將自有以與文成、文恭，同其千古者。〔註72〕

文中對於彭士望的性格、儀節大有讚譽，指出士望無論遭逢境遇或道德功業，皆足以和先賢王文成、羅文恭兩大名儒相提並論。

三、「傳狀」、「碑誌」、「祭文」類

　　《謝程山集》一書中，內容篇數占居第三的即為「傳狀」、「碑誌」、「祭文」類，此三類文章皆為謝文洊為死去的學者、好友或門人所作之哀悼文體。

（一）傳狀類

　　「傳狀」為記述一個人生平事蹟的文章，一般是記述死者的事蹟。「傳」指傳記，起源於《史記》、《漢書》中的紀傳文。「狀」指行狀，即德行狀貌。又稱「行述」、「行略」、「事略」。行狀本來是提供給禮官為死者議定謚號，或提供給史官採擇立傳之用。古代請人寫墓誌銘、碑表之類的文字時，也往往提供行狀以供撰寫。一篇好的行狀實際上就是一篇好的傳記。

　　〈李先生傳〉為謝文洊替其師李藩所作之傳文，此傳中序次簡明、文辭溢美：

　　　　李先生諱藩，字淑旦，南豐人也，少以制藝名，蔡忠襄公督學江西，拔為建昌郡庠首。自後，試輒前列，邑中子弟，受業者日益眾，館舍不能容。先生性豪邁，不屑以規矩繩士，值佳山水，風晨月夕，輒釀錢，或自損已橐，買酒飲諸生，自飲不過數杯即醉，醉輒狂歌賦詩，以發其意興！及其責課督文，則不稍寬假，以故遊其門者多雋才，先生屢蹶場屋，憤鬱不自得，世變後，居貧日甚，循次就貢。〔註73〕

李公自幼聰隱，性情豪邁異俗，常飲酒賦詩抒發其意，門下弟子雋才眾多，對待後學謙虛若谷，可惜仕途並不得志。傳中對於李藩生平大要、性格描寫清新，論述悠然自得、寄慨獨深。

　　〈李深齋行狀〉為文洊紀錄李生蕚林生平之行狀，字裡行間表露出兩人的交誼甚篤，並讚揚蕚林喜事好勞、愛才求賢之志趣：

〔註72〕見謝文洊〈彭躬菴六十序〉《謝程山集》卷十五。收於《四庫全書存目叢書》
　　　　集部別集類 209（臺南：莊嚴文化事業有限公司，1997 年）冊，頁 267。

〔註73〕見謝文洊〈李先生傳〉《謝程山集》卷十七。收於《四庫全書存目叢書》集部
　　　　別集類 209 冊（臺南：莊嚴文化事業有限公司，1997 年），頁 291。

> 深齋喜事好勞是其天賦，其生平大約以訪人才、收遺書，傳方覓藥
> 為務，然其豪俠之氣、忍苦耐勞之精神，窮奔盡力，屆遠而弗倦，
> 不知人世有寒暑雨雪。……蓋生有異稟，非他人學習所能及，實為
> 吾儕中所不可少之人。〔註74〕

此文詳盡描寫李深齋生平行狀，其豪俠之氣不愧一「狂」字所能形容，其忍
苦耐勞之特質，求賢若渴之精神，可謂天賦異稟，非一般人所能及。

（二）碑誌類

「碑誌」指碑文和墓誌，「碑」是墓碑，多在碑前；「誌」是墓誌，寫在
碑後。這類文章多刻在碑上，為記載死者生平事蹟的紀念文章，用語極其精
簡，而內容蘊含豐富，言盡而意無窮。

類型主要分為紀功碑、宮室神廟碑和墓誌銘三種。紀功碑為韻文體，即
西周時期歌功頌德的碑文；宮室神廟碑，為紀錄宗廟建立的碑文；墓誌銘，
則用散文形式寫成的稱「誌」，用韻文格式寫成的稱「銘」。〈黃母羅孺人墓誌
銘〉為文洊碑誌類的代表作之一：

> 吾門人黃熙，以孝行稱於閭里，自其成進士，請養家居，父簡元公
> 以耄年終生，事葬祭一，準於禮，後十二年乙卯，母孺人，夏五月，
> 壽九十，冬十一月終，熙匍匐登良壽山，稽顙以墓銘。……嗚呼！
> 此天之所以報孺人，而慰孝子之哀誠也。夫孺人生萬曆丙戌，一子
> 即熙也，孫男二國望、諸生國垂，曾孫三，即以乙卯之季，冬葬於
> 本鄉某山，祔祖姑之右，銘曰：「慈孝隆天眷鍾，慈孝邁地德載，萬
> 斯年永不壞」。〔註75〕

文洊弟子黃熙以孝行聞名，當黃母過世時，文洊特作墓誌銘，以述黃母平生
之大略行事，行文平鋪直敘，內容語重心長，情感含蓄不露，為墓誌銘中四
平八穩之作。

（三）祭文類

「祭文」是祭祀或祭奠時，表示哀悼或禱祝的文章，體裁有韻文和散文
兩種，為祭奠死者而寫之文章，可供祭祀時哀悼誦讀，主要為哀悼、禱祝、

〔註74〕見謝文洊〈李深齋行狀〉《謝程山集》卷十七。收於《四庫全書存目叢書》集
　　　部別集類209冊（臺南：莊嚴文化事業有限公司，1997年），頁299。
〔註75〕見謝文洊〈黃母羅孺人墓誌銘〉《謝程山集》卷十七。收於《四庫全書存目叢
　　　書》集部別集類209冊（臺南：莊嚴文化事業有限公司，1997年），頁306。

追念死者生前主要經歷，頌揚其品德業績，寄託哀思激勵生者。古時的祭文在內容上可分四類，哀悼死者、祈求降福、驅除邪魔、祈禱降雨，現今則多用於哀悼死者為主。

筆者由文洊〈祭門人李其聰文〉看出其風格：

> 嗚呼！作謀，吾不見汝三月矣，三月倏忽耳，由此永不見汝矣，然汝形聲常在吾耳目，汝性情志氣常在吾心，曲吾意象閒常，彷彿若汝在何處，一念驚覺始汝死，傷悼哀痛，欲覓汝於窮天極地，而無路也，汝眞死矣。嗚呼！作謀，汝之性情誠厚拙撲，無機詐勢利入於汝心，汝之志氣不在科名，惟讀書著述是耽，惟名師良友，講貫德業是樂，又恒喜佳山水、書畫、歌詩、彈琴，高人遠士之所寄興，且妙解而不能喻諸人者，而汝皆好而能之。〔註76〕

此文為哀悼門人李生作謀之祭文，其寫作風格質樸，文辭字字血淚珠璣，哀慟之情自心坎中揮灑而出，字裡行間由情生文，流露出眞摯的感情。

四、「論說」類

「論說」類文體是指以闡釋、議論、辯駁為主的說理文章。劉勰將議論文體統稱為「論說文」，論說文又可分為「論」與「說」兩類，劉勰認為「論」可以用來陳述政事、解釋經典、論辨史實和詮釋文章；「說」即是用言辭說服某人，使其心悅誠服。筆者試舉謝文洊〈誠說〉一文，以明其論說類文體要義：

> 為學之道，豈別有祕要哉，實理實心而已。實理者何？誠是也。實心者何？誠之是也。惟聖人心與理融而為一，則謂之至誠。而學者每疑誠之為道為甚遠，不知誠固人人所自有。吾觀今人欲習淹博，習辭章，習醫卜、算數，習天文、地理，一技一能，皆知具實心，以求必達，何獨於學，欲化其氣質之偏，滌其習染之蔽，以復還生人之實理，而乃半就半去以赴之，若合若離以趨之，及其無成，則曰天之限我，聖賢之不可學也。〔註77〕

〈誠說〉為謝文洊論說文體之代表作，內容主要闡發為學之道在於「誠」，學者常疑惑達「誠」之路遙遠，卻不知「誠」為人本固有。文洊認為有志向學，

〔註76〕見謝文洊〈祭門人李其聰文〉《謝程山集》卷十七。收於《四庫全書存目叢書》集部別集類 209 冊（臺南：莊嚴文化事業有限公司，1997 年），頁 308。
〔註77〕見徐世昌《清儒學案》卷十八（北京：中華書局，2008 年），頁 758。

欲成聖賢之道者，只要貫徹「實心」、「實理」並合而爲一，即是「誠」之具
體表現。

五、「記」類

「記」是古代散文的一種體裁，其至唐宋而大盛。它可以敘事記人；可
以寫景記山川名勝；可以狀物記器物建築，故又稱爲「雜記」。在寫法上大多
以記述爲主，其中摻有議論、抒情成分在內，作者常藉記景闡述觀點、抒發
情感主張。謝文洊〈建昌縣重建眞如寺殿堂記〉爲記載建昌眞如寺修建的來
龍去脈，寫法平鋪直敘，詞章縝密細膩：

> 登雲居寺，入方丈，叩主席燕雷和尚，風範藹如，既出，手訂雲
> 居志示，予始知顥愚、晦山，皆主席此山，而晦山其授衣師也，
> 是山有唐迄今，爲江右祖庭神廟，時諸緣和尚再興，獲勅賜藏經
> 及御書堂額柱聯，顥愚修舉廢墜，建明月堂，磊羅漢垣；癸巳晦
> 山新建大殿，應供堂香，積雲農寮；丙午燕雷建禪堂，方丈千在
> 堂者，宿寮浴堂、田米寮、千花閣，整齊絢爛蔚然，復唐宋舊蹟。
> 嗚呼！予蓋俯仰及此，而不勝其慨焉，予前自五老，別目公，冒
> 雪謁鹿洞，見其室，盧荒陋階，前遍榛茅，庭戶闃然，整敝衣冠，
> 向墀道瞻拜，三嘆而出，徘徊古松石閒，哽咽不得出一語，今觀
> 雲居之盛如此，予能不悲吾道之衰也！豈世無顥愚、晦山、燕雷
> 其人耶挪？時但當出世，故釋盛而儒衰耶？予又不能不慟哭矣，
> 燕雷屬予，紀其修建之勳，鑴碑以垂不朽，予因語燕雷，導予至
> 顥愚、晦山二古塔所，俯首一拜，以寫予前聞之恨，而亦因以志，
> 予深慨之衷云。〔註78〕

〈建昌縣重建眞如寺殿堂記〉雖是記敘文體，但內容從敘述眞如寺修建的過
程，進而觸動作者內心由景生情，描寫景物生動精彩；抒發情感寄慨深遠。
此記文章精闢縝密；文辭嫻熟練達；結構自然流暢，爲謝文洊「記」類文章
之代表佳作。

〔註78〕見謝文洊〈建昌縣重建眞如寺殿堂記〉《謝程山集》卷十三。收於《四庫全書
　　　　存目叢書》集部別集類 209 冊（臺南：莊嚴文化事業有限公司，1997 年），頁
　　　　240。

第三節 文學風格

　　《大學》是一部博大精深的學問，內容包括「明明德」、「親民」、「止於至善」三大綱領，並由「格物」、「致知」，以至「治國」、「平天下」，是由內在德智的修養方法，以達外發政治建立功業的理想著作，將一切做人的道理，闡發的詳明透徹，熔儒家道德哲學與政治哲學於一爐的博大學問；《中庸》則是精微而實際的人生哲學，主要是講天人之學，闡述自然與人的的關係，以「性」、「道」、「教」爲總綱，以「致中和」爲行爲實踐的最高準則，以「誠」爲內發的原動力，期望達到天人合一的人生境界，成己成物的終極目標，以上兩書皆是講求內聖外王的成德功夫。謝文洊的著作中，不是至今毫無存本流傳，就是僅有序文存世，很少有內文完整的作品留存，其中《學庸切己錄》即是文洊著作中，少有序文、內文皆完整的作品之一，《大學》、《中庸》兩書一直是中國哲學界千百年之課題，過程經歷反覆推敲，至明清之際已鮮有餘義，但謝文洊在《學庸切己錄》中亦多所發揮，此書也是其闡發思想理念的重要著作。本節就謝文洊的文學著作中，以「切己」爲要的代表《學庸切己錄》爲例，研究其文學思想風格。

一、推崇復初本性

　　謝文洊認爲天地萬物皆有其循常道理，而此道出自於天，所以遵守此道而行，不違背此道而馳，即是依循天理而行。《中庸》首章有云：

> 天命之謂性，率性之謂道，修道之謂教。道也者，不可須臾離也，
>
> 可離，非道也。〔註79〕

《中庸》說明天命是循環不已、生生不息的，它是一種存在的根源、存在的道理，與存在的規律，所以天時變化的趨勢，可稱爲本性。率性是自然而然便可依道而行，不必絲毫人力勉強，遵循著本性而運行活動，即爲人道，也就是人所遵循的正路。至於修養自身的過程，以禮樂刑政爲教於天下，無非是遵循人性，修明人道的教育教化，所以這個「道」是不可以片刻須臾離開的，倘若眞的違悖離開，那即不是正道了。謝文洊於〈中庸切己錄〉內文首要說明其著書動機：

> 千古學術之不明，以致世道人心之陷溺者，皆由於本原之不正耳。
>
> 本原不正，則工夫不切，工夫不切，則功用成就適足爲禍害之案耳，

〔註79〕見王澤應《新譯學庸讀本》（臺北：三民書局股份有限公司，2004 年），頁 44。

是以子思子憂道心切，必先挈出本原，推其義之所由來，正其名之
所由在，使學者志之所向，途之所趨，昭然知所歸往，不至徬徨歧
惑，然後下手，中其肯綮，循循而進，生機靈靈，及其成功，巍巍
蕩蕩，可與古帝比隆，方見頭正尾正，體用一貫，內外一脈，然後
知吾儒學術，世道人心之所賴，一日不容昧，千古所必由，彼異端
功利之學，徑艱途逆，此關彼漏，其得失利害，粲然如指諸掌，學
者奈何汶汶於此乎？〔註80〕

謝文洊認為學術昏明無法明道，以致世道人心陷溺萎靡，皆由於心之本原不
正之故，本原不正則修養工夫無法篤行切實，工夫不切即使功成名就，皆淪
為禍害無益，最後流於功利俗學而不自知。首先學者明學須明道，瞭解道德
本性的來源，才能確立志向依循而進，體用內外一脈相承，深知學術明道為
世道人心所仰賴，如此一來〈中庸切己錄〉的成書動機顯見，為彰明學者求
學的本原在於道德心性，導正被世俗蒙蔽而失去的本心，並以躬行實踐的切
己工夫時時去除惡習，回復本來之自性，達到成己成物之依歸。關於〈大學
切己錄〉首章也有談道其成書的目的：

大學者，大人之學也，大人者，內聖為體則體大；外王為用則用大，
視一切功利俗學、異端曲學，俱猥小不堪矣。人之為學，開手便當
以此自期，下面三在，便是所學地頭。〈明德〉註云：「人之所得乎
天，而虛靈不昧，以具眾理，而應萬事者也。」羅整菴先生云：「《大
學》所謂明德，即《中庸》所謂德性，章句似指心而言，與孟子〈盡
心〉之解無異，恐當與〈德性〉一般解說之為長。」愚按〈德性〉
註乃云：「吾所受於天之正理」，〈盡心〉註乃云：「心者人之神明，
所以具眾理，而應萬事者也，性則心之所具之理，將心性二字訓得，
各有著落。」《大學》之〈明德〉不以性訓，而以心訓者何故？蓋因
德字上有一明字，遂以虛靈為言。其語錄又曰：「只虛靈不昧，四字
說明德意已足，更說具眾理，應萬事、包體用在其中，又卻實而不
是虛其言，的確渾圓無可破綻處。」〔註81〕

〔註80〕見謝文洊〈中庸切己錄〉《學庸切己錄》。收於《四庫全書存目叢書》經部四
書類 169 冊（臺南：莊嚴文化事業有限公司，1997 年），頁 595。

〔註81〕見謝文洊〈大學切己錄〉《學庸切己錄》。收於《四庫全書存目叢書》經部四
書類 169 冊（臺南：莊嚴文化事業有限公司，1997 年），頁 567。

說明《大學》爲大人之學，大人之學即是內聖外王的成德工夫，而所有功利俗學、異端曲學皆爲求學時的遮蔽阻礙，《大學》以「明德新民」爲宗旨，明白天地萬物的本性，常道皆受之於天，並透過努力學習，修行恢復本性，此「性」亦是《中庸》所謂的德性，尋求本來善良的內在自性，進而回復自我，並順應此道而行，達成鼓舞民眾的志氣、振奮民眾的精神，才是內聖通達外王的眞工夫。謝文洊按舉古例，依循解釋此體用關係，說明《大學》之明德實以心訓，順應天道正理而行，復初本心自性靈明，萬事萬物終將體用一貫圓融無礙。〈中庸切己錄〉關於「知性」，且依循「性」而明「道」，則有其一脈說法：

> 爲學者認得，率性二字眞切，於日用動靜，纔有個本領，一毫不由
> 人力私智矯揉造作，即造到聖人地位，存神過化，出奇不測，皆是
> 性分所固有，非有一毫增減於其間，然後知聖人之道，一日不容昧，
> 千古所必由，行之萬世而無弊者，與夫百家眾技、支離偏曲，天淵
> 不侔，皆根於所性故耳，故學者貴在於知性。……所謂道者，率性
> 而已，性無不有，故道無不在，大而君臣、父子；小而動靜、食息，
> 不假人力之爲，而莫不各有，當然不易之理。所謂道也，是乃天下
> 人物之所共，由充塞天地，貫徹古今，而取諸至近，則當不外乎。
> 吾之一心，循之則治，失之則亂，蓋無須臾之頃，可得而暫離也，
> 若其可以暫合暫離，而於事無所損益，則是人力私智之所爲者，而
> 非率性之謂矣。〔註82〕

率性是日常生活中依循本性而行，而此「性」爲人本固有，不可經人力矯揉造作，自然通達聖人之道，所以學者爲學貴在知性，知性即可循道而行、率性而爲，此道無所不在，大則波及君臣、父子；小則牽動飲食、休息，充塞於天地，貫通於古今，等同於《中庸》所言「率性之謂道」之意，循之則治、失之則亂，絕不可須臾違背此正道而行，若有例外離道而行卻無所損益者，即是人力私智所爲，並非率性循道而行。文洊接著在〈大學切己錄〉中，發表盡性而反求良知，並回覆天道賦予人之本性談道：

> 盡性知天，亦不過致吾心之良知而已，良知之外，豈復有加於毫末
> 乎？今必曰：「窮天下之理，而不知反求諸心，則凡所謂善惡之機、

〔註82〕見謝文洊〈中庸切己錄〉《學庸切己錄》。收於《四庫全書存目叢書》經部四
書類 169 冊（臺南：莊嚴文化事業有限公司，1997 年），頁 597～598。

> 眞僞之辨，舍吾心之良知，亦將何所致體察乎？」吾子所謂氣拘物
> 蔽者，拘此蔽此而已，今欲去此之蔽，不知致力於此，而欲以外求，
> 是猶目之不明者，不務服藥調理，以治其目，而徒悵悵然，求明於
> 外明，豈可以自外而得哉！任情恣意之害，亦以不能精察天理於此，
> 心之良知而已。〔註83〕

說明盡性是充分發揮自己天賦的本性，知曉天道運行的常理，明白本心內在
的良知，與其追求外在窮理，不如反求內在己心。當今學者治學常因社會誘
因太多，被外在不好的習染蒙蔽雙眼、遮蔽本心，導致善惡不分、眞僞難辨，
與其不斷的由外在漫漫窮理，還不如仔細體察內在本心，是否已被私欲遮蔽
塵封，所以復初此自性良知，即可體貼天理明道，並發用自性，以成天下大
本、天下達道之境。

二、注重切己工夫

在謝文洊看來，僅僅停留在「率性」上，單單只依靠人性的自發性，還
是稍嫌不足，因爲人性有許多私心惰性，如不適當的加以節制，成見弊端將
無所遁形，因此不斷踐履的修養功夫變得格外重要，謝文洊的修養工夫首重
「切己」爲要，「切己」即是切實爲己的實踐篤行工夫。文洊於〈中庸切己錄〉
文中有言：

> 人之心體，如眼目一般，本自光明，若著些子塵，便滿眼昏花，起
> 來若是無塵，只神光一點，將許大世界一齊收攝了。故學者須是極
> 力去私，求復此至大至深，體段自然，當寬裕溫柔，即寬裕溫柔；
> 當發強剛毅，即發強剛毅；當齋莊中正，即齋莊中正；當文理密察，
> 即文理密察，絲毫不爽矣。若不能向心體上去私復理，則雖欲寬裕
> 溫柔，而私來隘之；雖欲發強剛毅，而私來餒之；雖欲齋莊中正，
> 而私來蕩之；雖欲文理密察，而私來昏之，用盡氣力、矯飾不效，
> 總爲根本上有物故耳。〔註84〕

說明人之心性本如眼目般明亮，受到塵霧浸染閉塞不明，清除塵染如神光一
點雙眼，則能收攝世界、展現光明，所以學者應當努力去除私欲，追求回復

〔註83〕見謝文洊〈大學切己錄〉《學庸切己錄》。收於《四庫全書存目叢書》經部四
書類 169 冊（臺南：莊嚴文化事業有限公司，1997 年），頁 573～574。
〔註84〕見謝文洊〈中庸切己錄〉《學庸切己錄》。收於《四庫全書存目叢書》經部四
書類 169 冊（臺南：莊嚴文化事業有限公司，1997 年），頁 645。

原本至大至深的德性，體態身段應表現自然，當寬裕溫柔，即寬裕溫柔；當發強剛毅，即發強剛毅；當齋莊中正，即齋莊中正；當文理密察，即文理密察，絲毫不可矯揉造作，強調從心體上袪除私欲才能達成。相對來說，若私欲不除，所作所爲則遭障蔽，想寬裕溫柔，因私欲而阻礙；想發強剛毅，因私欲而困餒；想齋莊中正，因私欲而放蕩；想文理密察，因私欲而昏散，儘管竭盡一切努力，終將徒勞無功。

　　謝文洊在〈大學切己錄〉中，也有探討關於「存欲」進而「格物」的修養實踐工夫：

> 學者必先存欲，明其德之誠心，後加致知之力於此，而有所知即於此，而體諸身無俟乎！全體通照，然後行之，而所格之物亦不出所行之外，迨夫知行功至仁熟義精，則物格、知至、意誠、心正、身修，一以貫之。〔註85〕

表示學者的心靈，具有認識的能力，存有回復自性的本能，可發揚倫理道德，滌其舊染之汙而自新，若發自內心使自己的意念眞誠，人人都能去惡從善，進而格物致知、格除物欲、生得智慧，通過對萬事萬物的認識、學習和探究，才能獲得眞正的知識與智慧，把認知引向萬事萬物，導向實踐仁熟義精的地步，從格物致知開始，進而誠意、正心、修身，皆是彼此牽引環環相扣。

　　談完內在由格物、致知，到正心、修身的內聖工夫，關於外在齊家、治國、平天下的外王工夫，文洊於〈大學切己錄〉中接續云道：

> 工夫卻一節，謹細一節去，方能踐得如是大志，治國在平天下先，齊家在治國先，不是丟卻天下不平，且待治了國來，丟卻國不治，且待齊了家來，有天下者，天下便不可一日不平；有國者，國便不可一日不治；有家者，家便不可一日不齊，工夫都是一齊並用，但於最切近者，責效爲最先最急耳，至於修身，則家國、天下之本，皆歸於此正心、誠意，乃修身內事，都只一箇工夫。〔註86〕

說明齊家、治國，繼而平天下的實踐工夫是彼此互相關聯，很顯然此即儒家所主張的德治思想，管理齊家在治國先；立定治國在平天下先，所以說治理

〔註85〕見謝文洊〈大學切己錄〉《學庸切己錄》。收於《四庫全書存目叢書》經部四書類 169 冊（臺南：莊嚴文化事業有限公司，1997 年），頁 575。

〔註86〕見謝文洊〈大學切己錄〉《學庸切己錄》。收於《四庫全書存目叢書》經部四書類 169 冊（臺南：莊嚴文化事業有限公司，1997 年），頁 571。

國家必須先管理好自己的家族；平定天下則要先治理好自己的國家，彼此間
存在著一種本末關係，因此有天下者，天下便不可一日不平；有國家者，國
家便不可一日不治；有家族者，家族便不可一日不齊，所有實踐的工夫都是
相互依存，但最初皆須注重德性德行修身、倫理倫常正心、意念意志真誠的
內在切實工夫。至於如何切己實踐工夫，謝文洊於〈中庸切己錄〉中有詳細
的說明：

> 做慎獨工夫，其初立心處，便只是切實為己，故首節先序，立心為
> 己處，做箇冒頭，人心無不貪外好名，若非切實為己，怎肯收拾向
> 裡面來？闇然，正是極力斂藏，不使些子滲洩，一切外炫盡情刊落，
> 專精畢力，只向內地究竟，久之，一念天理，幾希微眇，漸見昭著
> 日章，只是內地日漸盛大昌明，且莫遽說向外來日亡，亦是內地日
> 見銷亡。「淡」、「簡」、「溫」，俱屬外；「不厭」、「文」、「理」，俱屬
> 內，貪外好名之人，外面何等濃熱，內地卻只消沮；外面何等繁縟，
> 內地卻只枯槁；外面何等伶俐，內地卻只鶻突，總為精神命脈，全
> 體趨向於外，內地都無生意，安得不日亡，然比貪外好名，是人心
> 最易流蕩之習，稍有一隙，即便馳去，兼之風俗趨，尚無不狗外，
> 雖有渾厚樸實之氣質，亦無有能自持者，故學者須是立心，嚴密防
> 其走逗，如「淡」、「簡」、「溫」三字，都是著力韜晦，惟恐不周至，
> 非自然便能如是。〔註87〕

道德修養的工夫應從具體著手，尤其須注意當一個人獨處的時候，就因人心
無不貪外好名，所以更要加強自身去私欲、存天理的修養工夫，慎小慎微、
切實為己、躬行踐履，袪除外在名利欲望的渲染，著重內在切實篤躬的實踐。
文洊說明「淡、簡、溫」，皆屬於觀照切行的外在工夫，「不厭、文、理」則
屬於體察切行的內在修養，如此內、外兩者同時進行，才是切己實踐的工夫
極致，只是現今貪外好名之人甚多，導致外面何等濃熱，內地卻只消沮；外
面何等繁縟，內地卻只枯槁，正因如此，即便渾厚樸實的氣質，也容易流於
放蕩惡習，所以學者必須立定心志，淡習、簡事、溫行，並著力體察、切己
實踐，才能夠自持處之得宜。

〔註87〕見謝文洊〈中庸切己錄〉《學庸切己錄》。收於《四庫全書存目叢書》經部四
書類 169 冊（臺南：莊嚴文化事業有限公司，1997 年），頁 647。

三、提倡愼獨成德

謝文洊認爲修養之首要便是「愼獨」，此同時亦爲治學最重要的部分，學者要合於天、合於道，保持戒愼恐懼的心態，隨時隨地愼獨，故言「修之，使無須臾之可離」便是如此，因修養功夫在於時時探求本心道德之根源；體察天地萬物之道理，才可達到體至高妙、無聲無息的成德境界。其在〈大學切己錄〉內言道：

> 朱子取《中庸》以明《大學》，雖初學急務，然一明一誠爲學之事已
> 畢，徹始徹終不過如此，程子本此而立居敬窮理之法，後來學者入
> 此法門，便堂堂正正，捨此決門，則墮旁谿曲徑矣！學術所係道脈，
> 攸關愼之哉。〔註88〕

《大學》是《中庸》的條目，《中庸》是《大學》的精神，兩者互相依存，所以朱熹取《中庸》以明《大學》，兩書宗旨一誠一明，深刻反映儒家思想的精神要義，程子本此居敬窮理之法，提出內聖外王的理論，持續激勵學者深入踏實切己，由遵循精微的門法，進而開展成德的工夫。

謝文洊的《學庸切己錄》，闡發學者畢生踐行切己的工夫，體現《大學》、《中庸》的思想價值觀，因此造就許多仁人志士，以此套致廣大而盡精微的切己工夫，激發天賦人性的不竭泉源，可提升學者高尚的人格與博大的胸懷。文洊在〈中庸切己錄〉中，有探討《中庸》由愼獨切己的工夫，達至無善無臭的境界：

> 《中庸》始言天命之性，終言無聲無臭，宜若高妙矣。然曰「戒愼」，
> 曰「恐懼」，曰「謹獨」，曰「篤恭」，則皆示人以用力之方。蓋必戒
> 懼、謹獨，而後能全天性之善，必篤恭而後能造無聲無臭之境，未
> 嘗使人馳心窈冥，而不踐其實也。……可見《中庸》爲道雖博，而
> 其入手亦甚約矣。〔註89〕

《中庸》首言「天命之謂性」，終言「無聲無臭」，說明上天化育萬物沒有任何聲音和氣味，世上亦無事物足以形容此高妙深奧的境界。所謂建立一套以天命人性爲旨趣；以中和之道爲核心；以修身養性爲重點；以切己務實爲根本，即是言「戒愼」、言「恐懼」、言「謹獨」、言「篤躬」，可見《中庸》爲

〔註88〕見謝文洊〈大學切己錄〉《學庸切己錄》。收於《四庫全書存目叢書》經部四書類 169 冊（臺南：莊嚴文化事業有限公司，1997 年），頁 594。

〔註89〕見謝文洊〈中庸切己錄〉《學庸切己錄》。收於《四庫全書存目叢書》經部四書類 169 冊（臺南：莊嚴文化事業有限公司，1997 年），頁 596。

道雖博，但身爲學者只要努力實踐，以「愼獨」時時警惕自己，即可達到「無聲無臭」成德的終極目標。文洊〈中庸切己錄〉中稱讚「愼獨」化育之功效云：

> 《中庸》一書首言「愼獨」，便推其效，至於位天地，育萬物，終言「愼獨」，便推其效，至於篤恭而天下平，複贊其德，至於幽深元遠，至於無聲無臭，愼獨工夫之切要如此；愼獨功效之神奇如此。〔註90〕

《中庸》一書秉持「愼獨」二字，推行其德，以至化育天地；推行其功，以至太平天下，因有天德便可語王道，通過不斷切己踐履，培養回復自性，達至天人合一的成德之道，正因「道」時時刻刻都存在，所以「修道」必須由當前日常生活做起，即便四下無人，也須切己自覺、力行道德，並視作自己內在而神聖的義務，則愼獨達德的眞正意涵於此，最終實現「可以贊天地之化育」、「可以與天地參」的人生價值。

〔註90〕見謝文洊〈中庸切己錄〉《學庸切己錄》。收於《四庫全書存目叢書》經部四書類 169 冊（臺南：莊嚴文化事業有限公司，1997 年），頁 649。

第四章　謝文洊學術思想

　　本章以論述謝文洊的學術思想為主軸，內容包含：第一節，謝文洊學術背景，由探討明末清初的學術背景，從內在、外緣因素分別論述，研究謝文洊「文以載道」與「經世致用」的思想時代背景。第二節，謝文洊治學理念，由謝文洊治學的態度和方法分析，研究其治學的理念特色。第三節，謝文洊教育學風，由〈程山十則〉和〈果育齋教條〉為主軸，研究謝子之學的教育風格。因此，本章將由以上三節，從謝文洊的時代背景、治學理念，以及教育風格，進一步探究謝文洊的學術理念和思想風貌。

第一節　謝文洊學術背景

　　一個思想的形成，往往需經過一段長期的醞釀，而此醞釀的思想因素，則是孕育在傳統思想中的一部分。事實上，傳統與創新的關係是相對的，其間有必然的血脈串連著，而不是處於極端的兩個對立點。因此，每一種思想的成形，都是由外緣與內在的因素交相激盪而成。所謂外緣因素，指的是當時特定的政治、社會、環境所造成的時勢，而內在因素，則是此一思想在進展過程中的自然轉變。

　　清末明初之際，為了救正明末以來陽明後學造成的虛浮學風，開始對理學有所反省與批評，進而提倡各種經世之學，使得學風為之趨實。理學思想在此風氣影響下，亦有重實踐、趨實行之風，以理學的理論及修養方法修身，推廣教化、講習討論，並將儒家的文化推展，強調古聖先賢的理想，實踐於治國安民。

　　謝文洊處於此明末清初之際，身值國家劇變，又正是「經世致用」學風再度興起的時期，其在面對當時的窘態，依然主張中興理學，以挽救世道人心。本節將就謝文洊的生處時代背景，從當時的內在和外緣因素，來探討其思想之形成。

一、內在因素

　　中國思想發展到宋朝，有所謂朱、陸的不同，分別所重「道問學」與「尊德性」兩大途徑，兩派長期爭持不下；直至元朝朝廷，以朱註四書為取士標準；明代以後，太祖敕命以程朱為主的《性理大全》頒行，於是朱學聲勢高壯，陸學則浸浸幽微。

　　明代中葉以後，陳獻章〔註1〕、王陽明興起，開始偏重於個人修養，並以本心為主體之趨向，自此聲氣一變後，幾乎全是陸、王學說的天下，尤其是陽明以不世之功的地位，講學遠承陸九淵，門徒遍及天下，因此朱陸之爭轉變為朱王之爭，陽明上承陸學，不滿意朱子的「格物說」，將「格物」解釋為「正心」，進而提出「心即理」、「致良知」的學術主張，把「心」視為窮理的對象，認為這是成聖成賢的正確途徑。

　　自陽明而下，姚江弟子各承師說，而體會不同，遞傳遞衍，末流差異甚大，尤其是自王艮〔註2〕數傳，至何心隱〔註3〕、李贄〔註4〕之流，甚至墮入狂禪的地步，其方法上與禪宗的明心見性旨趣相近，而此直證本心的理論，確實較容易墮向自以為是的魔障，形成捨物言理、掃物尊心、師心自用的種種流弊，卻以為問心無愧，行我心之所認為可行即可成就為聖人。此理對持

〔註1〕陳獻章（1428～1500），字公甫，號實齋，廣東新會人，後遷江門白沙鄉，人稱「白沙先生」。明代著名的思想家，創立嶺南第一個頗具影響力的學術流派——江門學派。其弟子有湛若水、梁儲、李承箕、林緝熙、張廷實、賀欽、陳茂烈、容一之、羅服週、潘漢、葉宏、謝佑、林廷瓛……等。

〔註2〕王艮（1483～1541），原名王銀，字汝止，號心齋，明朝泰州安豐場人，又稱「王泰州」。王艮是思想家王陽明的弟子，泰州學派之創始人。

〔註3〕何心隱（1517～1579），原名梁汝元，字夫山，永豐人。明代學者，泰州學派代表人物之一。

〔註4〕李贄（1527～1602），原名林載贄，後改名李贄，字宏甫，號卓吾，別號「溫陵居士」、「百泉居士」……等。明代官員、思想家、禪師、文學家，泰州學派的一代宗師。嘉靖三十一年舉人，不應會試，歷共城知縣、國子監博士，萬曆中為姚安知府。在麻城講學時，從者數千人，中雜婦女，晚年往來南北兩京等地，被誣下獄，自刎而死。李贄著有《焚書》、《續焚書》、《藏書》……等書。

修堅定的宗師來說，固然可以臻及明辨，然而一般附影從風之人，便不免以此爲藉口，而貽人以滿街都是聖人的譏誚，於是這一支盛行學派，便漸漸受到質疑，也和陽明本旨相距愈差愈遠。

於是此末流之失，遂爲陽明之罪，學者有懲於此，爲矯正這種空虛之弊，往往反宗程朱「格物說」，在學問上肯定「學」的價值，批駁喜爲新奇的陽明末流習氣，認爲格物的方法與格物的對象，都具有客觀性與普遍性，此影響所及深遠，頗有釐正學風的效果。

二、外緣因素

明代自中葉以來，朝政衰敗，萬曆以後一連串的政治風潮，一直延續到清初，猶有餘波的閹黨、東林黨之爭，始終被史家視作明代滅亡的肇因之一，其關涉所及，如明廷對東北滿清的軍事措置、蔓延全中國的流寇勦撫方略、經濟政策上的增派加收，乃至士大夫節操的變易、社會人心的解體，而導致一個紛擾動盪的時代，明朝江河日下，民生日漸凋弊，引發流寇之亂，更使國勢大衰。而清人覬覦關內已久，至吳三桂開山海關，千里屛障俱失，清兵勢如破竹的南下，立刻席捲中國，造成異族入主中原的局面。

明亡以後，若干學者紛紛痛定思痛，推究產生這種劇變的原因，認爲清廷固然燒殺擄掠殘無人道，但若不是因君王的昏庸無能，時局也不致於敗壞到如此地步，此變局的發生是無可避免，且具有強迫性的，人們在別無選擇之下，如欲繼續爲未來作綢繆之計，只有採取各種不同的途徑，予以接納並適應，而適應的過程中，便是自覺的開始。明末清初的學者，無不是目睹時恨，痛疚於心，對於當時的社會情況，揭露統治者的橫暴和貪婪的無恥罪行，提出寶貴的意見和具體的措施，以爲當世之務、後世之資，而學者們的人生觀，尤其表現在民族氣節之上，於是在時代的動盪變化下，如何涉身立志處世，所持的態度備受重視。

由於學者觀念上的差異，大抵上選擇面對的態度包含下列三種：一是依附時勢，順應潮流；二是看破紅塵，棲遁空門；三是刺股擊楫，矢志效忠。三者之中，自甘鄙陋，輸誠異主的人，應是佔最多數，貳臣之流，從向流寇匍匐道迎，到率先薙髮結辮，簡直多得無法勝數。相形之下，棲隱巖穴及剖膽示忠的遺民、節士，其調整觀念的步驟及範疇，就呈顯出較緩慢而有限度的形式，他們所意識到的是一個知識分子在此天翻地覆的時局中，所應有肩負的責任，他們自幼所濡染的傳統儒家信念，由此掀起絕大的支撐作用，對

於節義的堅持，往往凸顯出個人的道德品格。

談及明末清初的理學家，大都會以在野及在朝區分之，在野理學家多為明代遺民，道德學問皆為人所肯定，由於清初正處於異族入主的鼎革之際，在根深蒂固的民族觀念下，能否堅守不事異姓的氣節，常常成為人們論其節操清濁的重要考量，尤其心性修養為重的理學家，個人道德的評量，一直被放在極重要的位置，因此有關清初理學家的出處進退及道德人品，是這一時期較被突顯的論題，故在論及此時期的理學家時，寧死不屈的遺民志節，一直為人民所景仰與傳誦。

三、因應方式

理學思想自宋代興起，發展到清初，已經過數百年的時間，其間理學學說經過各家的講論、闡發，因應時代及人心的需要，也各呈現不同的風貌。清初理學家首先要面臨的問題，應屬於陽明學在明末產生的流弊。

中國傳統的知識分子，大都認為學術發展會影響一時代的風俗，而風俗的好壞又會影響一時代的氣運，因此清初的知識分子在反省明代滅亡的慘痛教訓時，大都將罪惡的箭頭指向陽明末學的流弊，第一個反省到的便是思想中這種崩潰的癥結所在，於是紛紛指出明代學風中的空疏與不切實際，是亡國的主要原因。

由此可知尊朱闢王之舉，已是清初理學界的普遍傾向，傳統的主導力量已經動搖，為了補救這點，學者將著眼點轉移到切實的行事當中，以實事作為空疏的針砭，因此他們一方面撻伐當時的空言習氣，另一方面留心當代致禍的弊端，力求革新，參照歷史的軌跡，找出明代制度的弊病，進而提出因應的救時之策，無論是幾位在民間講學的遺老，或是後來入朝為官的理學大臣，即使有一、二仍宗尚陽明學的學者，對於陽明學也有若干的修正。

學者對於明末制度的考察與反省，並將一生所學專力投注於對制度的改革上，思考擬議出可為後世取法的理想制度，所以清初主要以「文以載道」與「經世致用」為當時社會具體的表現象徵。

（一）文以載道

「文以載道」的淵源，可以遠溯至孔子「思無邪」、「興觀群怨」、「不學詩無以言」等名言，然而直到宋儒如周、二程、朱子，才正式揭開了這個宣言。

因此「文以載道」的宣言，雖揭示於宋儒之手，然而清代的學者，取其

字面的涵義加以發揮，將「文是用來載道的」，轉換成「文學應該載有道」，不但藉此一轉換肯定文學的價值，並要求文學必須達成某種社會功效，而且也賦予「文以載道」產生新的詮釋。

此種轉變無論就文學創作或批評而言，都是自然且必要的一種新開展，一方面更能符合儒家思想的精義，使文學在道德教化的原則下自具意義；另一方面也使個人從事人文建設，以及完成自我實踐尋求新的立足點，進而開展與發揚。

在我們看來，從宋儒以下，直到明末清明的學者，這種由狹至廣的轉變，不斷持續醞釀並逐漸成形，而此一轉折明顯的與學者欲以所學運用於世，以及踐履個人社會責任的自覺意識，有著很密切的相關性。

（二）經世致用

「經世致用」的思想，在傳統儒家社會中，一直是文人學者的最高理想，而明末清初的學者，在自我要求的情況下，已突破傳統的格局，以另一種全新的架構出現，此即是當時「經世致用」為目標學風的醞釀與成形。

因此道德與事功的統融，可以說是明末清初經世思想的最大特徵，就在此時，一則明代國家的變局已逐漸現出端倪，由於陽明末流很有可能導生弊病，遂使心性派露出其應對時局的嚴重缺陷，同時也促使身處於亂局最劇烈時的學者們，為了針對此一缺陷，試圖開始挽救彌補，並作重新的理論建構。

在這建構的同時，事功派〔註5〕的理論也被吸收進來，他們認為讀書不是單停留在書本上，而是要從實踐中體驗出來，目的在於致用於世，他們的治學方法在於博古以通今，所謂博古，就是因時制宜，引古以籌今，既不失古人的尺度，也要明其作用作為；所謂通今，或者可以說是知今，則是指研究近代歷史、地理和當時政治經濟情況的關係，因此明末清初，無論是心性派或事功派，皆已渾融出重切身實踐「經世致用」的精神思想。

四、結語

歸納以上所論，由於時代背景的關係，明末清初的思想特色，即在於理學思想再度盛行於世，強調實踐個人道德修養的重要，故多重視人倫日

〔註5〕事功派，又稱「永嘉學派」、「功利學派」，是南宋時期重要的儒家學派，與朱熹的「理學」、陸九淵的「心學」呈鼎足相抗之勢，因成型和發展於永嘉地區，代表人物又多為永嘉學者，故稱為「永嘉學派」。

用之中實踐學問，注重學習的重要，不喜多談抽象的理論，反對玄虛空言的陽明後學，而謝文洊就是生長在此時代背景下的理學家，其對於程朱思想的提倡不遺餘力，對於理學的傳承與發揚，亦有其功勞所在。明末清初的學術思潮如潛流迴旋，爲了尋找漢文化的出路，進而促進學術的開闊與發展，由此可知，清代學術與傳統思想的關係是順接應承而下，並非兩個相反的極端，又經此思想脈絡之承襲，孕育出清初學風日趨淳篤、世風日漸昌盛的時代。

第二節　謝文洊治學理念

明清之際思想界，多對明中葉後盛行的心學思想持批判的態度，繼而興起的是實學思潮，以顧炎武爲代表，提出「經世致用」之說；另一種思潮則是企圖中興理學，以挽救世道人心的載道學派。在這時期江西亦出現三大學派，稱爲「江西三山」，即寧都易堂九子、南豐程山學派、星子髻山七隱，代表人物分別爲魏禧、謝文洊、宋之盛，三人理念各以「經濟」、「理學」、「氣節」有聲於天下。我們從《謝程山集》中，多有記載三人學術討論之實錄，可知三山往來頻繁。宋之盛在謝文洊〈丁未與魏冰叔書〉中文末評曰：

> 易堂之學主於用，程山之學主於體。叔子欲以經世而正人心，先生
> 欲以正人心而經世，二者均不可偏廢。究之，心是本有體，然後用
> 有所根，先生直諒如此，故娓娓數百言，貫徹首底，脩齊平治之道，
> 立可見之實效，不僅空談也。〔註6〕

此爲宋之盛論及魏禧、謝文洊對體用互補之觀點，足見江西三山經常舉行會講，彼此間談學論道，互相交流學術擷長補短。

謝文洊生當明清之際，正是經世致用學風興盛的時期，又適逢國家遭遇鉅變，文洊對當時論事多有戚戚之感，因此其於學於理亦多所發揮。前節所述，主要爲闡釋謝文洊思想之時代背景因素，本節則從其治學態度和方法特色切入，藉由文洊的好友宋之盛手扎〈程山問答〉內容中，關於謝文洊治學理念的語錄論辯部分，加以闡述探討。

〔註6〕見謝文洊〈丁未與魏冰叔書〉《謝程山集》卷十。收於《四庫全書存目叢書》
　　　　集部別集類 209 冊（臺南：莊嚴文化事業有限公司，1997 年），頁 186。

一、畏天

謝文洊的求學過程歷經三變，少年時期初學禪，後豁然察覺禪學之弊，改
習陸王心學，又以爲陸九淵學說過於凌屬，王陽明學說則多周旋，進而由心學
轉爲理學，一意歸依程朱學派，認爲惟有程朱學說切直、謙和，無陸、王兩者
之弊。文洊提出治學之本在以「畏天命」爲宗旨，身爲學者應當以此爲心法，
時時警惕自己提升。宋之盛在〈程山問答〉中，談論文洊「畏天命」的看法：

> 初入程山登其堂，見有額曰「尊洛」，因問洛學之要在「敬」，「敬」
> 字消息若何？謝子曰：「畏天命，三字盡之」。某近於此三字，似
> 有獨契，隨出學指相示，大要謂「天命」，道之大原，人見夫子五
> 十，方知之疑，初學且緩言，此殊不解，大而君臣、父子；小而
> 起居、食息，無時無處，不有天命。此理充塞兩間，貫徹古今；
> 雖欲逃出，亦無從出處；雖欲破入，亦無從入處，隱微顯見，原
> 非兩層，只爭人知與不知耳，不知便爲小人。若云：「初學可緩，
> 豈小人亦可暫爲乎？」古人見得此理親切，故無事不舉天以臨之，
> 一部尚書一部詩，稱天稱上帝，如小孩子呼爺娘，開口便是如此，
> 才是眞畏；今人善於自私，善於用知，謂天甚高、謂上帝甚遠，
> 姑從己意，就便恣肆，故爾動手，便違犯天命，自戕自賊、自取
> 殃咎，只是欠此一畏，若果知畏，則凡語默動靜之間，時時覷著、
> 在在守著，存誠既久，工夫純然，人與天渾成一片，方謂之樂天，
> 此正夫子知命境界也。不知不畏，不畏不樂，知畏樂如環相貫，
> 學者但於天命上領會，把來做箇根基，就此體察，就此培養，千
> 條萬緒都在這裡，更無滲漏。〔註7〕

謝文洊的程山學舍，堂前匾額刻有「尊洛」二字，主要是推崇程頤「主敬說」
的表現，接而啓發其「畏天命」的思想，文洊認爲「敬」是無事不敬，無時
不敬，「敬」之箇中以「天命」爲主，天命乃是「敬」之落處，又提出「靜中
須有物」，這個物便是「敬」，用「敬」即爲動、靜兩得而一以貫之。所謂「天
命」則貫徹古今，無時無處不充塞，大而君臣、父子；小而起居、食息，雖
欲逃出，亦無從出處；雖欲破入，亦無從入處；雖隱微處，卻顯而易見。因
此古人見此理親切，故無事不假天命爲依藉，深怕違背天命招致災禍，於是

〔註7〕見宋之盛〈程山問答〉《謝程山集》附錄二。收於《四庫全書存目叢書》集部
　　　別集類 209 冊（臺南：莊嚴文化事業有限公司，1997 年），頁 329。

「畏天命」就此萌生，也就是「敬」天的表現，可惜今人自私，認為上天甚高、上帝甚遠，於是敢恣意違犯天命，自戕自賊、自取殃咎，皆是欠此一「畏」字，如能知「畏」，則凡語默動、靜之間，時時覷著；在在守著，以「誠」為本，存誠既久純然，由靜而得，終屬氣定；由誠而得，才是理定，人與天自然渾然一成，正是孔子知命的境界，不知不畏；不畏不樂，「知畏」則樂如環環相貫，學者應於天命上領會，由「畏天命」而「知天命」，就此體察與培養，則千條萬緒皆由此理而發。

二、識仁

謝文洊認為時至今日，人心盡發洩，故渾涵不得，即如子思作《中庸》，亦是慮及後世異端之學，所以不惜剖破。在文洊看來，當時人心陷溺，必須以涵養元氣、拯救人心為先，即使不能讀書，只要遇事便與朋友熟商，亦是窮理；雖不得靜坐涵養，只要言動之間加意安詳和緩，亦是涵養，故治學只要「仁」涵養於胸中，則言語、行動、交友，無事不可窮理。宋之盛在〈程山問答〉中有論及其和文洊對「識仁」之看法：

> 四月二十二日會講，謝子首問惕識仁之旨，惕曰：「仁者天地生物之心也，人與物與天地，統此生生之理，無間無息，其生氣萌動敷芑，則為仁（春）為禮（夏），摯斂凝定，則為義（秋）為知（冬）。」故程子曰：「禮義知信皆仁也，《大學》所謂知止知此也；《中庸》所謂明善明此也，誠身誠此也；《論語》知之好之樂之，知好樂乎此也；《孟子》知性養浩然之氣，知此養此也。」程子亦云：「識得此理，誠敬存之而已，吾心一刻不識不存，則天地否隔萬物閉塞，而吾身亦痿痺不關痛痒。」故上蔡云：「不仁便是死漢，反是觀之，識仁亦只是識此生生之理而已。」問：「未感物時，作何理會？」曰：「凝聚生意」；「感物時如何？」曰：「循物察則要使生氣畢到」；「還須學古有獲否？」曰：「前言往行正是仁譜，但要辨此生理與之相副。」謝子因舉示同堂曰：「生意」二字。〔註8〕

宋之盛表示有志於學的人，首先必須體認「仁」，所謂「仁」即是心整全的與萬物融為一體。程子認為「義」、「禮」、「知」、「信」的德性都是仁，如同

〔註8〕見宋之盛〈程山問答〉《謝程山集》附錄二。收於《四庫全書存目叢書》集部別集類 209 冊（臺南：莊嚴文化事業有限公司，1997 年），頁 329～330。

《大學》所謂的「知止知此」；《中庸》所謂的「明善明此」、「誠身誠此」；《論語》中的「知之好之樂之」；《孟子》知性養氣中的「知此養此」，以上諸說皆是德性仁的體現，若能夠體識這個道理，並以誠敬的態度涵養存仁，不用防範檢驗，也不用窮盡思慮，自然就會明瞭其中之意涵道理，若內心的誠敬有所懈怠，則天地萬物亦將閉塞，身體終將痿痺痛癢。文洊所言「識仁」即是識得天地萬物生生不息之理，「仁」即為感應天地生生不息之「生意」，如果能夠凝聚存養仁心，便能體會生意，所以感物凝聚生意，亦是識此生生之理，當體識仁心細微貼切，則人心與天地萬物得以時時相應，最終達至天人合一的境界，才是真得程朱之血脈。

三、學修

程山之學則「切己」之學，謝文洊治學講求「以切己為要」，認為世道人心之所以陷溺，皆由於本原不正，本原不正，則工夫不切，工夫不切，則功成名就皆淪為禍害，所以凡是能親身體驗，時時切己反省，才能完成學修，成德道濟天下。我們由〈程山問答〉可窺知文洊學修理念：

> 問敬固無所不在，莫靜坐較好體認，謝子曰：「不如近嚴師畏友」。〔註9〕

文洊認為生活中「存敬」無所不在，由專一靜坐中求見體認本體，反而會導致厭世費時難止雜念，還不如接近對自己求學有所幫助的良師畏友，經由教學相長的切磋，才是學修的正規之途。

謝文洊治學態度向來勤奮堅毅，尤其對自我要求更是嚴謹，強調無論師長、學生均要艱苦磨礪意志，刻苦固守節操。〈程山問答〉中言道：

> 問朱子臨終諄諄何？只道「堅苦」二字。謝子曰：「耐得堅苦便是剛」。
> 〔註10〕

引朱子臨終教誨「堅苦」二字，表示學者若在求學期間處於逆境，應積極以解決困境為本分，可以固守信念耐得堅苦，便是剛強的表徵。關於對「講學」的看法，謝文洊和宋之盛也有共識：

> 與程山諸子會詢，其近課，謝子慨然曰：「諸生為稅役所累，不得專攻。」惕因警之曰：「正須頻來講學，提撕此心，使天理常明，應事

〔註 9〕見宋之盛〈程山問答〉《謝程山集》附錄二。收於《四庫全書存目叢書》集部別集類 209 冊（臺南：莊嚴文化事業有限公司，1997 年），頁 330。

〔註10〕見宋之盛〈程山問答〉《謝程山集》附錄二。收於《四庫全書存目叢書》集部別集類 209 冊（臺南：莊嚴文化事業有限公司，1997 年），頁 331。

安詳，不受繁務汩奪去也。」〔註11〕

文洊生平喜好授徒講學，其認爲當時求學的莘莘學子，常爲繁重的稅役所累，而不得專攻學業，宋之盛得知表示，勤來切磋講學可以提振己心，使天理常明，而不受繁務所累剝奪學修之功。

四、疑古

謝文洊治學的前題在於「信而好古」，說明學習應先有「信古」的態度，才可進一步討論研求，接下來再論「疑古」，其旨意大略有三層次：第一，要抱持著懷疑的精神來讀古人書；第二，不廢己所疑，讀古人書當在不疑處有疑；第三，雖「疑古」，但亦非古人所言皆值得懷疑。換言之，要考慮是否自己太多疑而誤會古書，而產生錯誤的懷疑？此所謂「不敢自信其疑」，即不敢以自己所疑者爲可信〔註12〕。正因如此，謝文洊認爲治學要透過不斷的思考揣摩，相互反覆論辯、考求問難，才能求得是非。〈程山問答〉中有談到文洊「信古」的實例：

> 又詢未發，引用陽明答門人，問寧靜之旨曰：「只要去人欲、存天理，以循天理爲主，何嘗不寧靜，以寧靜爲主，未必能循理。」惕從而質曰：「此確當語，但看陽明諸詮理處，皆指心之靈覺，而言即理得無微，差「天理」二字，差其餘無不差矣。」謝子曰：「信然」。〔註13〕

其引用王陽明答門人之例，探討關於寧靜存心時，可否爲未發之中？陽明表示今人存心只定得氣，當其寧靜亦只是氣寧靜，所以對人過分的欲望應予以遏制、抑止，這樣才不會失去天理倫常的道德秩序，表示不論或靜或動、寧

〔註11〕 見宋之盛〈程山問答〉《謝程山集》附錄二。收於《四庫全書存目叢書》集部別集類 209 冊（臺南：莊嚴文化事業有限公司，1997 年），頁 331。

〔註12〕 《荀子・非十二子》：「信信，信也；疑疑，亦信也。」楊倞〈注〉曰：「信可信者，疑可疑者，意雖不同，皆歸於信也。」「信信」，前者作動詞，作相信解；後者作名詞，指眞實之言、事、理。「信信」意謂相信眞實之言、事、理。「疑疑」亦同一語法，意謂懷疑可疑之言、事、理。「信信」和「疑疑」是心智的活動，對同一項言、事、理不可能既相信，同時懷疑，因爲這是矛盾的。如今卻說「信信」和「疑疑」都是「信」，則此後一「信」字不是指心智活動，而是指態度，謂追求眞實的言、事、理態度，所以這句話的意思是：相信眞實之言、事、理，即是追求眞實的態度；懷疑可疑的言、事、理，亦是追求眞實的態度。

〔註13〕 見宋之盛〈程山問答〉《謝程山集》附錄二。收於《四庫全書存目叢書》集部別集類 209 冊（臺南：莊嚴文化事業有限公司，1997 年），頁 333。

靜不寧靜，皆要以去人欲、存天理爲功夫時時警惕。又人心若只單靠寧靜不免漸有富靜厭動之弊，因爲許多病根只是漸漸潛伏在體內，遇事依舊持續滋長，最終皆無法絕除，假若以寧靜爲主，未必能循理；但若以循理爲主，何嘗會不寧靜？謝文洊和宋之盛雖然皆歸依程朱學脈，但經過一番論辯，認爲循理而靜，方是儒者之寧靜，心無所知覺則理亦流於空乏，所以兩人除了對「天理」二字，尚有解釋未完備之疑慮外，關於王陽明此寧靜之理詮釋，皆深表認同之意。〈程山問答〉中亦有談及文洊因「疑古」而修改古注：

> 謝子作〈大學切己錄〉，引用顧涇陽〔註14〕語陽明在龍場苦研，一夕夢中呼躍，亦從念慮入手。惕曰：「此調停語也，夢中呼躍，明是禪悟。」謝聞之應時芟去。〔註15〕

謝文洊著作〈大學切己錄〉時，引用顧憲成的一段話，說明其爲王守仁在龍場苦研時，一夕作夢呼躍，亦從念慮入手，但經宋之盛提醒後，認爲這種說法實有出入，此語應爲調停之語，夢中呼躍其實只是禪語，於是多經考查求證後，將此小段謬誤刪除芟去。

五、辟禪

　　明代末年王學發展極盛，許多學者皆奉王學爲宗，由於王學發展至後期，過分強調心性主觀思想，引發許多學者開始「束書不觀」、「空談心性」，漸漸淪爲虛無的空殼，所以清初士人紛紛提出對王學的改革修正，將明朝滅亡歸咎於士人空談心性所致，亦對明代思潮作深刻的反省，尤其對心學之後流於狂禪深感不滿。

　　謝文洊反對爲學者專探心境，漸棄事物而流入空寂，認爲欲復興儒學，首要必須辟禪學之弊，原因在於明代王陽明心學之後漸流於禪，特別是泰州

〔註14〕顧憲成（1550～1612），字叔時，號涇陽，江蘇無錫人，明代思想家，東林黨領袖，因創辦東林書院而被人尊稱「東林先生」。萬曆二十二年，其與弟顧允成倡修東林書院，偕高攀龍等講學其中，往往諷議朝政、朝野應合。顧憲成與趙南星、鄒元標三人號稱「三君」，又同顧允成、高攀龍、安希範、劉元珍、錢一本、薛敷教、葉茂才時稱「東林八君子」。憲成平生憂國憂民，並於六十二歲逝世，其留下的著作頗多，包含《顧端文遺書》、《小心齋劄記》、《還經錄》、《證性篇》、《東林會約》、《東林商語》、《南嶽商語》、《仁文商語》、《虞山商語》、《經正堂商語》、《明道商語》、《質疑篇》、《桑梓錄》、《朱子二大辨序》……等書。

〔註15〕見宋之盛〈程山問答〉《謝程山集》附錄二。收於《四庫全書存目叢書》集部別集類 209 冊（臺南：莊嚴文化事業有限公司，1997 年），頁 333。

學派中的顏鈞〔註16〕、羅汝芳〔註17〕常被世人譏笑爲狂禪。〈程山問答〉有提及謝文洊和宋之盛探討對「禪」之看法：

> 問伊川云：「禪家至知天而止，更不存養，恐未然。」謝子曰：「渠若知天必有箇實下落，豈得漭蕩如許？」惕曰：「更不存養亦難說，朱子明言，禪學至六祖，始言存養，但原頭看空了并存養，亦只躭空，可識病根在不知天。」〔註18〕

謝文洊舉伊川言禪爲「知天」、「存養」來探討，並駁斥禪學之弊病，以爲學術敗壞在於禪學「不知天」之故，認爲學禪者以靜坐知覺爲性，習儒者才是以義理天道爲性，所以深辟禪學不知生死，不明天地公理，不識造化真機，終歸咎於「不知天」的病根所在。

六、載道

明末清初之際，各種學術思潮皆如潛流回旋的尋找漢文化之出路，此時謝文洊以復興程朱理學爲己任，切實潛心體驗於學，批判當時的功利論，倡導「文以載道」正文，爲喚醒士人對傳統儒學的認同與復歸。謝文洊對於載道復興理學不遺餘力，表示「正文」須以「載道」開始：

> 道之顯者謂之文，凡日用間一動一靜，載道而出者俱文也，而言辭則尤載道，而行遠者耳。故夫子曰：「言之不文，行之不遠。」知載道行遠之義，則知文矣！六經之在宇宙，如日月之經天；江河之行地，一日不息，萬古常新，豈無本而能然哉？苟能將五經、四子之書，一一反躬有得，則見之筆墨間者，如開自己庫藏；運自己貲財，

〔註16〕 顏鈞（1504～1596），字子和，號山農，又號樵夫，邑北中陂村人，晚年因避明神宗朱翊鈞諱，改名鐸。顏鈞二十五歲時，聽講王陽明「致良知」之學，頗有領會，乃居帶湖觀，閉門默坐澄思，經七晝夜，豁然頓悟，然後於山谷中讀書九個月，對四書六經之奧妙，若視掌之清明，提筆爲文，如江河水流之沛快，其哲學思想與王艮、李贄後先輝映，著有《山農集》傳世。

〔註17〕 羅近溪（1515～1588），又名羅汝芳，江西南城人，明代著名的思想家，泰州學派的重要傳人，亦稱爲泰州學派「唯一特出者」。羅近溪於嘉靖三十二年（1553）登進士，並開始涉足仕途，曾任太湖知縣、山東刑部主事、寧國府知府，且於萬曆五年（1577）辭官，仕途由嘉靖三十二年（1553）到萬曆五年（1577），共歷時二十四年。近溪在萬曆十五年（1588）去世，享年七十四歲。

〔註18〕 見宋之盛〈程山問答〉《謝程山集》附錄二。收於《四庫全書存目叢書》集部別集類 209 冊（臺南：莊嚴文化事業有限公司，1997 年），頁 331。

自然眞切博奧，可以見諸實事；可以垂世不朽。〔註19〕

指出道之彰顯在於「正文」，寫作文章的目的爲「載道」，凡日常生活中的動靜、言辭，皆不出「載道」的理則中。文洊舉孔子所言「言之不文，行之不遠」，以通曉載道義涵，自然能知文理，主張文道合一，而明道爲主，六經之旨即是道，即是宇宙，如日月經天；如江河行地，所以持明道以自任，體現一心求道的治學態度，不與世俗背馳而非，則能萬古常新。四書五經之文內涵，亦是聖人道德教化之道，如實體現躬行於生活之中，自然眞切體道而如獲至寶，可以觀照世事不朽，漸漸達到「文道合一」的境地。

七、經世

謝文洊治學主張以「正人心」而經世，並且堅持反對轉向事功，持論偏於德性，深恐一旦沾染功利，將會畔棄繩墨、脫略規矩，導致進不得爲君子，退不得爲小人，而陷於一往不返的局面。文洊認爲士子當以學爲主，重點在於「治心」，而「涉世」亦在其中，倘以「涉世」爲主，難免會淪爲功利主義，所以必須先「正人心」，再推廣於事，如果轉向事功，即漸漸失去本原，易流於功利。小人之材乃是功名之士，功名之士若私利心不除，故規模狹隘鄙陋，不過文洊亦承認，功名之士冀欲建功立名，依然可補於倫物，則有其實學可取之處。〈程山問答〉中也有探討關於「經世」治學之理念：

> 友人中有勉謝子，以匡濟之學者辭過激揚，至鄙經義爲虛美，且云：「聖人難學，不若以伯功救世，其徒效之，遂有宋以道學亡等語。」謝子往復辨折，疑難未解，惕聞之慨然曰：「彼所爲輕德重才者，蓋未覯成德之才之效也，人與天地萬物渾然一氣，若實養得浩氣充體，盎背進而悟主，格其非心，使君臣合德，體信達順，則篤恭而天下平矣，此位天育物之才，自愼獨內做出，豈刑政伎倆，所可肩望，但學術不明，若信未及耳。」謝子曰：「德未成熟，此等神話何敢言？然我輩志學，亦祇求熟，豈可因五穀難熟，而下植莨稗也。」〔註20〕

正當明末清初時，宋明理學的輝煌時期漸漸衰弱，謝文洊對於功利救世一直抱持著保留的態度，認爲「經世」必須先由內在匡正心智開始，才得以達到

〔註19〕見謝文洊〈果育齋教條〉《謝程山集》卷七。收於《四庫全書存目叢書》集部別集類 209 冊（臺南：莊嚴文化事業有限公司，1997 年），頁 128。

〔註20〕見宋之盛〈程山問答〉《謝程山集》附錄二。收於《四庫全書存目叢書》集部別集類 209 冊（臺南：莊嚴文化事業有限公司，1997 年），頁 335。

學術昌明的大同世界，雖其極力闡揚程朱理學，倡導身體力行，不過對於改造儒學進而改造社會，並未提出具體改革的主張，不免淪爲當時人所非議，但其治學操行依然贏得不少人的肯定與青睞。

第三節　謝文洊教育學風

　　謝文洊平常相當注重教育者的自身修養，也很重視受教育者的道德品行，其冀望通過創辦教育，培養大批才能卓越之人，以達到「火盡薪傳，繼往開來」的目的。謝文洊身爲一位著名的教育實踐家，則其教育思想內容是非常豐富且具有價值的，在著作《日錄》中，弟子黃采於序文寫到：「蓋自道其所得，與其所以自治，及其所以誨人」〔註21〕；《講義》三卷當中亦多有其授學的實錄。著作〈程山十則〉和〈果育齋教條〉乃爲謝文洊多年治學經驗所定的條規，其教育學風皆可在這些著作中得到貫徹。〈程山十則〉主要是謝文洊啓發後學，以躬行實踐爲主軸，發展出反己闇修、務求自得的篤躬行、識道本思想，此同時引申爲文洊教育思想的基本準則；〈果育齋教條〉即爲文洊闡發：「師嚴，然後道尊，道尊，而後民知敬學」〔註22〕的義理所在，表明此道不明、師範不立，學者將漫無統紀、無所依歸。筆者由〈程山十則〉內容爲主，以〈果育齋教條〉論述爲輔，將對謝文洊的教育思想做深入探討。

一、辨喻以定志

　　謝文洊在爲子孫立家教時，認爲志學者應當品格端正、志向高遠。因此其〈程山十則〉開宗明義第一條即爲「辨喻以定志」：

> 人貴立志，志一則氣從。然未有器識鄙陋，而能特然以聖賢爲志者，故先須辨別所喻。如見解意趣只在富貴功名，或辭章技藝，或鄉黨自好，則其志之所向，不過成就富貴功名而止，辭章技藝而止，鄉黨自好而止，如此而欲求入聖賢之門牆，登其堂奧，豈可得乎！〔註23〕

謝文洊認爲「定志」爲學者之首要原則，人貴立志，志一則氣從，惟有確定立志的方向，才可一鼓作氣達成目標。關於「定志」必須明辨所喻，若意趣

〔註21〕見黃采〈日錄序〉《謝程山集》卷一。收於《四庫全書存目叢書》集部別集類209冊（臺南：莊嚴文化事業有限公司 1997年），頁11。

〔註22〕見謝文洊〈果育齋教條〉《謝程山集》卷七。收於《四庫全書存目叢書》集部別集類209冊（臺南：莊嚴文化事業有限公司，1997年），頁127。

〔註23〕見徐世昌《清儒學案》卷十八（北京：中華書局，2008年），頁754。

只在富貴功名、辭章技藝、鄉黨喜好，而將志向建立在膚淺的事物上，如何能走進聖賢的門牆呢？所以明確辨別所喻，清楚自己期望的方向，了解自己理想的抱負，方可達成聖賢之志。接著文洊談到欲學需先讀《西銘》一篇：

> 故愚欲學者先於西銘一篇，細研實體，捐去私吝，識得天地萬物一體之意，寸心耿耿，有獨契而難以語人者，則志之所之，決不肯自安於狹隘，其光明俊偉之胸懷，軒昂振迅之氣概，雖欲自異於聖賢之徒，而不可得矣。〔註24〕

謝文洊認為《西銘》明喻甚是，「定志」必須棄除自私吝嗇，認識天地萬物實為一體，而立定志向心胸不可安於狹隘，必須開廣光明，才可如同聖賢之恢弘氣概。關於「立志」文洊在《日錄》中指出：

> 張子曰：「為天地立心，為生民立命，為往聖繼絕學，為萬世開太平。」四語雖聖人事，……則學人身上都有此事，故學者須要如此立志。〔註25〕

指出學者須以「明經立品為本」，如此立志則不自棄，也就是說，無論身為師長抑或學生，都要做個於國、於民、於社會、於傳統文化有裨益的志士。文洊在〈果育齋教條〉第一條中，也有談到關於士人如何「立志」的要點：

> 今之學者豈不曰：「我獨讀書，志在科名，與彼攻力，作較子母者，豈可同日而語？」殊不知認此士字不真，則科名到手，溫飽是計囊橐，既充滿慾，自恣不過農工、商賈之才，且黠者耳，吾不解其所謂士者何在也？王子墊問孟子曰：「士何事？」對曰：「尚志」。夫惟尚志乃知自重，學者宜時時勿忘此意，不爾，則自暴自棄而已。〔註26〕

說明今之學者若把立志讀書擺在科名，即是對「士」字認識不真的行為，此和農工、商賈之才就毫無差別。孟子認為「士」重在「尚志」，「尚志」講求「自重」，所以學者當以自重時時提醒自己，不可自暴自棄。〈果育齋教條〉第二條接著言道：

> 夫學者既知自重，則是大本已，立志有所歸矣，倘於辭氣容貌之閒，依然輕浮躁率，則外惰而內不固，精神何由得振？德性何由得定？

〔註24〕見徐世昌《清儒學案》卷十八（北京：中華書局，2008年），頁754。

〔註25〕見謝文洊〈日錄〉《謝程山集》卷一。收於《四庫全書存目叢書》集部別集類209冊（臺南：莊嚴文化事業有限公司，1997年），頁14。

〔註26〕見謝文洊〈果育齋教條〉《謝程山集》卷七。收於《四庫全書存目叢書》集部別集類209冊（臺南：莊嚴文化事業有限公司，1997年），頁127～128。

自今一切起居行立，俱當莊敬自持、恬靜自攝、手足恭重、腰背竦
直，言辭謙和而明朗；進退齋邀而雍容，群居獨處，不少放逸，則
志自清明。〔註27〕

學者立志除了以自重爲根本外，謹慎的儀容體態也是立志的條件之一，倘若
因儀態輕浮躁率，導致外惰而內不固，如何能提振精神、立定德性？所以起
居立行應當「謹儀」，做到莊敬自持、手足恭重；言辭謙和、進退雍容，如此
一來所立志向自然清明，進德修業將大有所展。所以文洊在《講義·子曰篤
信好學章》中教育弟子言道：

士之所以爲士，端在志趨不同流俗，堅自樹立，不可搖奪，然後達
可以利濟蒼生，澤及四海，窮亦可以羽翼經傳，垂教萬世，方不愧
謂之士。〔註28〕

謝文洊認爲士之所以稱士，是爲了自己所立之志向，可以做到即便捐軀赴之
亦所甘心，期望透過品德的修養，使自己治學能利濟蒼生、澤及四海，所以
文洊要求治學首先須「明辨」、「定志」是十分值得肯定的。

二、實踐以立基

謝文洊重視「躬行實踐」來奠定治學基礎，認爲只有親身實踐的教育環
節，才得以鞏固學業之基石，所以〈程山十則〉第二條即爲「實踐以立基」。
文洊在「實踐以立基」中內文提到：

日用下手，不過當下一步，放過不得，躐等不得。爲學而舍卻當下，
決無有入手處也。如在家則孝父母，友兄弟，撫妻子，畜婢僕；在
外則料理世事，應酬人情；在館則親厚師友，教授生徒，以至一切
動靜語默，見在所值，皆屬當下一步。愚所編《幼學先言》一書，
便是教人當下著力樣子。〔註29〕

日常生活不過是注重「當下」的藝術，任何一小步驟皆不得放過遺漏，譬如爲
學若捨去當下，即無處可下手。在家須孝順父母、愛護妻子、畜養婢僕；在外
應處理世事合理、待人接物合宜；在學館則敦睦師友、教授學徒，關鍵在於因

〔註27〕見謝文洊〈果育齋教條〉《謝程山集》卷七。收於《四庫全書存目叢書》集部
別集類 209 冊（臺南：莊嚴文化事業有限公司，1997 年），頁 128。

〔註28〕見謝文洊《講義》《謝程山集》卷四。收於《四庫全書存目叢書》集部別集類
209 冊（臺南：莊嚴文化事業有限公司，1997 年），頁 87。

〔註29〕見徐世昌《清儒學案》卷十八（北京：中華書局，2008 年），頁 755。

地制宜的活在當下，在適當的地方做合適的事情。文洊主張教育人才要趁早從幼年開始，其在《初學先言》一書中，即有教人「當下一步」的實踐作法：

> 不論成人小子，皆從此一一踐履過去，方得成章，方可上達，如造
> 大廈，不先堅固基址，則梁棟輪奐將無所施。故凡見地遠大、志願
> 高邁者，須急求實踐，以立基址，庶不墮屬念之狂。〔註30〕

謝文洊認為無論是成人或小孩，行事皆該踐履篤行，立定基礎方得成章、即可上達；如同建造大廈，不穩固地基，則梁棟無所依靠，所以凡事見地遠大、志向高邁的人，躬行實踐是奠定深厚基址的開始。

三、奮厲以去習

謝文洊認為學者常有俗情、惰習、浮氣、驕心四者通病，每當為學只要有其中一樣習染，即與道相阻隔，惟有俗情消，惰習除，浮氣收，驕心抑，方可謂之好學。文洊在〈程山十則〉第三條「奮厲以去習」中提到：

> 為學之蠹，莫大於氣質習染，惟自幼得嚴明父師為之絕其萌芽，正
> 其機勢，庶幾坦行無阻。儻質已僻，習已深，雖將義理看得燦然，
> 如一物在眼前，只須拾取，必且扞格沮禦，若有一人陰掣其肘而不
> 得自遂者。於此稍一因仍，則日甚一日，久而相忘，照人則明，照
> 己則昏，勝人甚勇，勝己甚怯，豈不可歎！〔註31〕

學者為學的阻礙，莫大於沾染惡習，惡習一日一日增長，久而不知其害，對照他人愈明顯、反照自己愈昏沌；勝人則逞匹夫之勇、勝己則顯膽小退怯，惟有自幼父母師長斷絕其惡習，往後才不會因積習根深蒂固，導致無法改進修正。文洊在〈果育齋教條〉「習淡」中言道：

> 古人身居顯位，尚且有食不兼味、臥無重褥者，豈故為是不近人情，
> 谿刻自處以邀清節之譽，特以穠郁中最易昏人志氣，不如是忍苦耐
> 寂，則骨力不堅、神氣不振，不足以有為耳。諸君子不欲有為則已，
> 如果欲自見面目，則當力屏嗜欲從此日習，自知淡泊中滋味更長也。
>
> 〔註32〕

說明古人雖身居顯位，但飲食起居依然食不兼味、臥無重褥，此種表現並非

〔註30〕見徐世昌《清儒學案》卷十八（北京：中華書局，2008 年），頁 755。
〔註31〕見徐世昌《清儒學案》卷十八（北京：中華書局，2008 年），頁 755。
〔註32〕見謝文洊〈果育齋教條〉《謝程山集》卷七。收於《四庫全書存目叢書》集部別集類 209 冊（臺南：莊嚴文化事業有限公司，1997 年），頁 129。

不近人情，實是保持自處清節的表現，因濃郁的習氣容易使人志氣消沉，以致骨力不堅、神氣不振，身爲君子應該力屏嗜欲惡習，自知淡泊的生活才足以源遠流長。文洊「奮厲以去習」內文最後，探討奮力去習的工夫：

> 若夫具眞見、立眞志之豪傑，定然奮不顧身，用人一己百、人十己千之力，如先儒所謂持志如心痛，防過如猫等鼠者，日漸月劖，必期掃滌至盡而後已，決不肯自欺自怙，苟且偷儒，以了此生也。至於人各一偏，不能列舉，平心細察，必自了然。〔註33〕

謝文洊認爲身爲豪傑之士，必定奮不顧身持志去習，加倍努力勤奮向學，不可稍有怠惰自欺欺人，以免學業誤入歧途。因此文洊在授學的過程中，總是告誡弟子務必奮發去除陋習，將不良且有害的惡習漸漸驅除殆盡，才不會枉費此生的努力精進。

四、堅苦以礪操

謝文洊的治學態度向來堅毅嚴謹，在此方面亦對門下弟子要求甚嚴，強調無論師長或學生均要艱苦磨礪意志、刻苦固守節操。如〈程山十則〉第四條「堅苦以礪操」內文所言：

> 人生素位，逆多順少，而逆境之操尤難。三代以下，儒者之不得志，身處逆境，皆視爲本分事。知爲本分，則安心寧耐，固守不移，一切援上陵下、怨天尤人之意，俱歸消融。〔註34〕

說明人生在世，逆境多順境少，學者在治學時若處於逆境，尤其容易怠惰放棄，因此視逆境爲助力，以解決困境爲本分，並耐心固守信念，不怨天尤人，才是正確之道。接著內文又言：

> 其生平行己，防範則如處女，堅貞則如金石，光明則杲日之麗中天，潔清則秋月之映止水，如此胸次，有何順逆可分。吾輩生多貧賤，而拂亂時有，於最難過處，當勉思古人以自礪，馴至於安貧樂道，斯可不愧儒者矣。〔註35〕

說明生平行己，處事應防範如處女、堅貞如金石；態度應光明如日中天、潔淨如月止水，能保有如此廣闊的胸臆，爲人行事則順逆可分，富貴貧賤不改其志，並以古人的勸勉自勵，即便身處逆境，依然安貧樂道，堅持不改初衷潛心於學。

〔註33〕見徐世昌《清儒學案》卷十八（北京：中華書局，2008年），頁755。
〔註34〕見徐世昌《清儒學案》卷十八（北京：中華書局，2008年），頁755～756。
〔註35〕見徐世昌《清儒學案》卷十八（北京：中華書局，2008年），頁756。

五、繹理以養心

　　孟子認爲「養心莫善於寡欲」〔註36〕，通過減少不良的慾望，可以達到
涵養心靈的作用，發展自己性格中善良的一面，就好比是給自己的心田澆水、
施肥，保持內心的健全發展。謝文洊對於「養心」也有其一番見解，〈程山十
則〉第五條「繹理以養心」內文提到：

> 人心不得所養，則天理無所滋益，而私欲日漸生長，久之，本心蔽
> 昧將有必不可爲、必不肯爲之事，忽隱忍爲之者，此學者所當大懼。
> 〔註37〕

人心的習慣是多年累積養成，雖不能一下子戒除所有的毛病，但只要日積月
累慢慢改進，則可逐漸將多年養成的惡習消除，因此人心本身必須有所培養；
若人心不得所養，則天理無所依歸、私欲漸漸成長，久之本心逐漸被私欲蒙
蔽，此爲學者所戒愼恐懼，萬萬不得輕忽。接下來談到閱讀先儒書籍對「繹
理養心」實有幫助：

> 故先儒語錄，當時加思繹，其析理之精，發明五經、四書之旨各有
> 獨得，而古人用功得力處，其甘苦滋味又最能引人著勝地，能時取
> 而涵泳之，則浸灌日深，機趣日熟，從理自順，從欲自逆矣！〔註38〕

謝文洊認爲養心能培養健全的心靈，需要充分的時間、耐性，長遠著眼細心體
驗，並非一蹴而就，亦不能一曝十寒，必須專心致志、持之以恆，指出閱讀先
儒語錄，得以思繹其理則，判斷其精義，再藉由四書、五經記載之要旨養其心
智，尤其闡發古人用功成就之處，最能引人入勝，並以此奉爲表率。

六、讀史以致用

　　唐太宗認爲「以史爲鏡，可以知興衰」，由此說明歷史上有許多警世的教訓，
如同一面鏡子，我們可由過去的演進歷程中惕鑑省思，而史書具有相當的教育
功能，藉由閱讀史書之內容要義，不但可以通曉歷史遺留下來的經驗，並能以
此作爲借鏡致用。謝文洊在〈程山十則〉第六條中，發表其對「讀史以致用」
之看法：

> 二帝、三王修己而天下治，然兵農禮樂各有致用之方。詳內略外，
> 非聖賢之學也，故中庸言「知所以修身，則知所以治天下國家矣」，

〔註36〕見金良年《孟子譯注》〈盡心下〉（上海：上海古籍出版社，2004年），頁312。
〔註37〕見徐世昌《清儒學案》卷十八（北京：中華書局，2008年），頁756。
〔註38〕見徐世昌《清儒學案》卷十八（北京：中華書局，2008年），頁756。

又必曰「凡爲天下國家有九經」，可見治天下亦非徒一修己可了。
〔註39〕

古代二帝、三王由修己進而治平天下，無論士兵、農民各有其禮樂致用的方式，而聖賢之學如同中庸所言「知所以修身，則知所以治天下國家矣」，在儒家傳統理想中，認爲學者讀書不僅要提升自我的心靈修養，更要對國家社會有所作爲，所以致用之方不應只是向內修己，也要向外治國、平天下。文洊深入探討「讀史」的功用：

> 經世之術，濟變之方，莫備於史。讀史者須別其是非，究其利弊，
> 通其時勢，坐可言，起可行，方謂有用之學。經曰：「安而后能慮。」
> 注云：「慮處事精詳。」不到能慮，終算不得得止也。〔註40〕

謝文洊表示，閱讀史書能探究歷代古聖先賢之得失，以及朝代演變之興衰，而汲取他人生命經驗與智慧，以讀史達才爲用，不但能熟悉經世的御術，還可以運用濟變的方法，如此一來方能通曉時勢，進而運用權變處事、治世。

謝文洊以「造就有用人材」爲職志，而「造士」首重「造識」，有「識」始能「權變」，所謂「造識」之道，首在增廣見聞，不過人生壽命有限，世界卻如此寬廣，足跡所至必有限制，雖窮一生之力，亦無法親身經驗萬事萬物，所以讀古人書而留心史鑑，即是增廣閱歷和見聞的有效途徑。文洊在〈果育齋教條〉「稽古」內文中談到：

> 夫爲學而不稽古，則道理無由啓發，性情何以涵養，雖甚靈明，然
> 孤危而無藉，即上智難以有成，且義理之悅心，古人不過先獲耳，
> 非盡待古人贈我也，但展卷之際，一字一句切身體會，奮然而興、
> 惡然而恥、怡然而悅、油然而得，識得我註六經，六經註我之旨，
> 然後爲眞讀書人也。〔註41〕

謝文洊著重歷史教育，認爲「稽古」是爲政經世的必備基礎，學者若不「稽古」，道理將無所闡發；性情將無以涵養；行事將無可依藉，所以吸取古人的經驗，可以教育我們成功的要訣，免去許多不必要的冤枉路，而閱歷古書得以奮然而興、惡然而恥、怡然而悅、油然而得，書中所得一字一句，皆是切

〔註39〕見徐世昌《清儒學案》卷十八（北京：中華書局，2008年），頁756。
〔註40〕見徐世昌《清儒學案》卷十八（北京：中華書局，2008年），頁756。
〔註41〕見謝文洊〈果育齋教條〉《謝程山集》卷七。收於《四庫全書存目叢書》集部別集類209冊（臺南：莊嚴文化事業有限公司，1997年），頁128。

身體悟的菁華，所謂「六經註我，我註六經」，把六經當作明道的工具，站在前人的肩膀上，達到更高遠的境界，惟有如此才配稱爲眞正的讀書人。

七、勤講以精義

謝文洊指出「勤講」即是獨立授學的聚徒「講學」，也包含志同道合學者之間的討論「會講」〔註42〕，主張通過「勤講」深化學識水平。其在〈程山十則〉第七條「勤講以精義」中提到：

> 爲學固在自己，然孤而無輔，終難課進。昔聖人以學之不講爲己憂，不恥下問爲可證，蓋以天地閒義理無窮，聞見有限，是非得失，所爭在毫釐閒，而私意一蔽，遂有莫能自別者。此非藉朋友問辨之力，將何由得當！〔註43〕

說明爲學須靠自己不斷努力精進，孤僻而故步自封，終將停滯不前無法進步，古之聖人遇到難題常不恥下問，原因在於天地之間的義理無窮無盡，但個人的聞見常會因觀念固守而有限制，所有的是非得失，皆在抉擇者的一念之間。文洊又表示，爲避免被私意所蒙蔽，學友之間的問辨會講顯得格外重要：

> 故諸友無論朔望講會之期，即平時相對，偶爾過從，意中口中，無非爲此事放舍不下，必互相質證，彼此剖析，然後快心。若相見之時，止以寒溫套語及泛常閒事了之，親厚者又不過家庭俗務，一再籌畫而止，則志氣悠忽，工夫粗疏，欲與之研究理路於幾蔽之介，判決事機於疑似之閒，不可得矣！〔註44〕

謝文洊認爲只有勤於會講，做到「互相質證，彼此剖析」，才能明乎理、精於義，且經由學者間的問辨會講，達到「敬業樂群，朝夕講貫」，其間相推相引、相漸相摩，藉著學者互相切磋，學業才會有所進步。

〔註42〕見魏禧〈與謝約齋〉：「愚謂會講日當分三事：一講學，今所已行是也；一論古，將史鑑中大事或可疑者，舉相質問，設身古人之地，辨其得失之故；一議今，或己身有難處事，舉以質人，求其是而行之，或見聞他人難處事，爲之代求其是。於三者外，更交相規過，……講學則是非之理明，論古則得失之故辨，議今則當事不眩，規過則後事可懲，庶內外兼致，體用互通。」收於《魏叔子文集》外篇卷七。收於《清代詩文集彙編》92 冊（上海：上海古籍出版社，2010 年），頁 197。

〔註43〕見徐世昌《清儒學案》卷十八（北京：中華書局，2008 年），頁 756。

〔註44〕見徐世昌《清儒學案》卷十八（北京：中華書局，2008 年），頁 756～757。

　　謝文洊生平治學對書院教育給予相當的重視，認爲「書院」是學者聚會之所、德業相成之地，其稱「書院」即如古人所設的庠序學校，尤其是書院定期舉辦的「會講」，能使人未知者知、未能者能，滯疑者得達；脆靡者更堅，正因如此，謝文洊在教學的生涯中，不但對其所開闢的程山學舍竭盡心力，同時對書院會講也傾注相當大的熱情。

八、簡事以專功

　　謝文洊在〈程山十則〉第八條中，舉出「簡事以專功」，強調治學應當克盡本分，完成份內該做的事，才能專功精研學業。其內文中說道：

> 職分內事，當一一盡之，使無遺闕，此即是學。但務外喜事，得已
> 不已，則最爲妨功，且令精神疲倦，心氣粗浮，不惟於聖賢精微之
> 言漸不相入，即辭令容止之閒，亦易流於塵俗。〔註45〕

謝文洊認爲治學必須克盡本分，完成自己分內該盡的責任，太多繁雜瑣碎的外務，不但會妨礙學業，導致精神疲倦，甚至心浮氣躁，且日漸與聖賢觀念相背離，最後流於塵俗而不自知。謝文洊並於〈果育齋教條〉中提舉「簡出」言道：

> 古人於學，或遠遊、或閉關，不顧官骸之欲，忘生死危困以求之，
> 今不踰鄉井，無跋涉之苦，有園林之樂，而復用志不專，因循玩愒，
> 眞所謂淺根劣器，不堪琢磨之棄物矣，且紛華靡麗，最易中人加之，
> 舊習既深，是以新染易入，數旬之靜攝，偶值一日之宴遊，即將靜
> 攝所得者，傾囊倒橐而去矣。……今與諸生約自省，親及家務不容
> 己者，外不得數歸以妨正業。〔註46〕

說明古代學者可以爲專注求學而遠遊、閉關，不顧官途、忘記生死，而所謂用志不專，只知因循玩愒、躲避吃苦耐勞者，即爲不值得琢磨的劣根器。文洊指出在複雜紛華的環境中，容易沾染惡習，所以爲人處世應簡出自省，外務不得太多，才不至於妨礙專注的正業進行。「簡事以專功」內文接著列舉孔子、朱子之言論印證道：

> 論語曰：「居敬而行簡。」程子曰：「居敬則所行自簡。」人不能簡
> 者，皆緣利念、名念及好氣之習不能自克，是以無事輒有事，小事

〔註45〕見徐世昌《清儒學案》卷十八（北京：中華書局，2008年），頁757。
〔註46〕見謝文洊〈果育齋教條〉《謝程山集》卷七。收於《四庫全書存目叢書》集部
　　　　別集類209冊（臺南：莊嚴文化事業有限公司，1997年），頁129。

　　成大事，易事變難事，一事生多事，羈絆層疊，迄歲不了，反將分
　　內學業荒疎廢置。遷延既久，恐一段初志俱汩沒矣。惟敬以居心，
　　則克己有力，內地既清，外事自簡。〔註47〕

表示為人雖然修身嚴謹、行事嚴密，不過當處事接物時，卻可以簡單明確，
說明人不能簡者，容易被功名利祿薰心，無法克制惡習，導致無事則有事；
小事成大事；易事變難事；一事生多事，如此層層羈絆，拖延過久還會造成
初衷消沉、志氣衰落，影響分內學業的發展，所以惟敬以居心，內事居敬；
外事自簡，才得以專功學業、邁向坦途。

九、自反以平謗

　　孟子有言：「自反而不縮，雖褐寬博，吾不惴焉？自反而縮，雖千萬人，
吾往矣。」〔註48〕，其大意是說明：當有人對我有所批評，經過反省，知道
是自己的言行不正直，的確有值得檢討改進的地方，縱然對方是一個著粗布
粗衣的平民，我能不害怕恐懼嗎？但經過自我反省，只要合乎義理，無愧於
良心，縱然面臨千軍萬馬、數萬群眾，我也一樣毫無畏懼昂首直前！謝文洊
「自反」的意義，也就是能大徹大悟，判別義與不義，可以辨是非、別利害、
識順逆、明生死的道理，這裡所謂辨、別、識、明四者，即是徹底「自反」
的工夫所在。文洊在〈程山十則〉中第九條「自反以平謗」內文談道：

　　君子自修，惟務獨知，不必人言是問。然謗議之來，正可自考。其
　　中吾失者，吾之師也，急求改過以謝之；其不中吾失者，或不中吾
　　此一事，亦當深思精察，平日必有致謗之繇，萬一在己無歉，亦可
　　以防於未然，作他山之石，而為委土之師。若但知尤人，不思自反，
　　則不惟學問無長進處，而人益謗之，若張的而招射者矣。〔註49〕

謝文洊和孟子的看法雷同，認為君子自修，雖不必人言是問，但若遇到責難
謗議，必須向內自我反省，知道自己的言行的確有該檢討改進的地方，將立
即改正並感謝忠告，若是經過自我反省，認為行事無愧於良心，則要深思精
察平日是否有得罪他人，才會招致如此批評。他山之石可以攻玉，寶貴的指
正意見，能夠幫助自己改正錯誤，如同導師糾正缺點、提供借鑒；相對來說，

〔註47〕見徐世昌《清儒學案》卷十八（北京：中華書局，2008 年），頁 757。
〔註48〕見金良年《孟子譯注》〈公孫丑上〉（上海：上海古籍出版社，2004 年），頁
　　　　57。
〔註49〕見徐世昌《清儒學案》卷十八（北京：中華書局，2008 年），頁 757。

為人如果不知自我慎思反省，學問則無法增長進步，且接踵而來的謗議將永不停歇。

十、相規以有成

謝文洊主張在求學態度上要互相規諫，做到「相規以有成」以增廣見聞、增進學識，也就是使受教育者做到謙遜誠懇，能虛心接受他人的忠言，且熱於慷慨給予他人指教。文洊在〈程山十則〉最後一條「相規以有成」內文言：

> 人有能虛受不能忠告者，有能忠告不能虛受者，均非也。虛受者，虛己從人，不文過，不好勝，聽而能受，受而能改，固為難矣。然見友有過，緘默隱忍，坐視成敗，此非關切之誠有未至，則善柔之氣不能自強也。〔註50〕

說明人有分「僅虛受不能忠告者」、「僅忠告不能虛受者」兩類，不過此兩種人皆不盡完美，所謂虛受者，不文過飾非、強辯好勝，能虛心接納他人的建議，並予以自我改正；然而其看見朋友有過失，卻保持緘默隱忍，放任朋友的過錯，不予理會坐視不管，此善柔之氣終不能自強。文洊內文接續云：

> 忠告者，剛直不回，懇款陳言，如不容己，夫豈易及？但過在己躬，友言見及，則拂然色沮，或爭辨自怙，此豈友實無識，其言悉不足采歟？或亦好勝剛愎，抑過不下，而吝於自反耳。故忠告者貴虛受，虛受者貴忠告，二者循環不已，相與有成，則同堂中如五味調適而共烹，八音和諧而合奏，於以享賓降神，敬無不將，而誠無不格矣。
>
> 〔註51〕

忠告者的性情剛直，遇見朋友犯錯往往懇切相勸，不吝惜苦口建言；只是當朋友見其處事不妥，嘗試給予建議時，常因好勝剛愎，壓抑不下面子，而面紅耳赤爭辯不休，不知應該自我反省。文洊表示為學必須從善如流，積極虛心訥諫，不文過飾非；相對而言，他人有過亦當坦誠相告，不為友人避諱，不吝嗇指教，達至「忠告者貴虛受，虛受者貴忠告」，二者相規有成進而循環不已，使彼此皆能在學業上揚長避短、共同進步。

〔註50〕見徐世昌《清儒學案》卷十八（北京：中華書局，2008 年），頁 757～758。
〔註51〕見徐世昌《清儒學案》卷十八（北京：中華書局，2008 年），頁 758。

　　由「相規以有成」可知，文洊闡明交友對人品德及學術的影響與重要性，其主張在學習中廣交師友，而且要交天下非常之士，並非結黨營私，所以慎選益友、遠離損友自然成為學者不可或缺的課題。謝文洊在〈果育齋教條〉「慎交」內文中亦言：

> 少年志未堅定、識尚闇昧，最不宜與匪人作緣，匪人之損人性情、移人志氣，不待深交即立談開神明之地，即隱隱為其所襲，正氣減、邪念萌，其為禍不可言述，或長人貪根，或助人忿氣，或誘人機詐，或逢人淫惡，或離間人骨肉，或喪敗人身家，一墮其術，任爾神智大勇，未有不為其所傷害者，學者欲善自全直，須如毒蛇猛獸，一望見之走避不暇，則庶乎可以自免矣，此種苦惡滋味，余閱歷已深，勿謂余言之過當也〔註52〕

謝文洊強調少年時期，因志未堅定、識尚闇昧，最不宜結交匪人損友，若不謹慎避免，則會隱隱遭致傷害，漸漸被禍害所襲，結交匪友不但會損人性情、移人志氣、長人貪根、助人忿氣、誘人機詐、逢人淫惡，淺則離間骨肉；深則喪敗身家，所以學者應慎交朋友，遇見匪人損友當如見毒蛇猛獸般走避不暇，如此才可自我預防且免於災禍。

〔註52〕見謝文洊〈果育齋教條〉《謝程山集》卷七。收於《四庫全書存目叢書》集部別集類 209 冊（臺南：莊嚴文化事業有限公司，1997 年），頁 128～129。

第五章　結　論

　　本論文從研究謝文洊的家族世系、生平行述,以及學術著作開始下手,從研究瞭解其生平概況為基礎,進而探討其思想理念與學術成就。首由第二章、研究謝文洊生平交游探討,接著以三、四兩章,從研究謝文洊的學術著作、著書主張,以及其治學風格和教育理念,深入淺出探究謝文洊的學術思想發展。本章筆者將根據對謝文洊學術思想的研究結果,作出系統性的歸納和結論統整,內容將細分為幾個部分逐一說明,由後世對謝文洊的評價、文洊思想對後代的影響,以及本論文的研究成果、發展價值,甚至有關筆者在研究過程中,所面對的侷限和困境,最終將於本章總結,全盤呈現於讀者面前。

一、後代評價

　　謝文洊的學術思想廣博精深,其治學歷程三變,由習學禪至宗程朱,此一路走來的過程,可代表清代專家學術發展的小縮影,因此我們將由後代學者對謝文洊的學術評價,窺探其對清代學術發展的貢獻。謝文洊入室大弟子甘京,就曾在〈謝明學夫子私諡議〉文中言:

> 孔孟之學,至宋程朱而益明,近代薛胡數君子繼之,然而二氏之說、功利之習中於人心,為世道之害,終不熄也。吾師程山謝先生,生於僻壤,早厭舉業,參究佛書有所得,賴天誘其衷,反悟聖學,一宗程朱。三十餘年,潛心肆力體認,則極其深沈踐履,則極其篤實辨異端,則毫釐畢析闢俗學,則源流一清,其為己與誨人也。[註1]

〔註1〕見甘京〈謝明學夫子私諡議〉《謝程山集》附錄三。收於《四庫全書存目叢書》
　　　　集部別集類209冊(臺南:莊嚴文化事業有限公司,1997年),頁338。

甘京指出孔孟之學至宋代，始由程朱思想開展且日益彰明，不過演化至清代以後，其中不免流於佛老，且參雜功利思維於內，使世道人心受到害習荼毒。謝文洊先生於此背景動盪的時代，早期因失望而放棄舉業參究佛書，後期反悟聖學而一宗程朱，其歷經三十餘年，誠心潛力體認、細心沉穩踐履，篤實辨異端、畢析闢俗學，儼然成為此動盪時期中的一股清流。其門人黃熙也於〈哭明學謝夫子文〉中讚道：

> 吾夫子以一身而荷綱常名教之任，以一心而貞天地民物之坊，程山立舍，尊洛建堂，同學友有明道之倫，儗諸弟子有明學之諡章，痛哲人之，其萎悼斯文之永終。然夫子宇宙在手，造化生身，即委形以天遊也，雖死而生，歷萬古長存以不亡。〔註2〕

謝文洊以倫理綱常為己任，以民胞物與為己準，其建立程山學舍，推崇程朱學術，對教育後學更是不遺餘力，學友皆讚其有「明道之功」，死後諡其為「明學先生」，表示謝文洊形體雖死，而其生平所建德業是歷萬古長存而不亡。上杭劉琅在〈祭南豐謝明學先生文〉其中評價：

> 先生生于道喪人遠之候，獨能聞風而慕之，迺能卓然遠紹、毅然自持，凡天下之囂囂於鵝湖、考亭、龍谿、緒山而靡決者，一衷於六經、四子，而周所偏歆，於是久斁之旨復伸，而後學始知所憑依，可謂振五夜之清鐘，甦久痼之沈迷。〔註3〕

謝文洊生於道德淪喪、人情澆薄的時代，其獨卓然遠紹、毅然自持，可與鵝湖、考亭、龍谿、緒山等大家並稱，其衷於六經、四子無所偏廢，使後學積極借鏡效法，其功勞之大，可謂振五夜之清鐘，甦久痼之沈迷。鴨綠江胡勒哈氏，更是對謝文洊的學術欽佩不已，於是其在〈祭南豐謝明學先生文〉中，稱頌言道：

> 先生天性溫潤精一，純粹克養有道，如精金美玉，非太和之元會，如何生斯人也？自孟子沒以至周程張朱之後，斯文埋沒久矣！惟我先生雖生數百年之後，而追尋斷緒學，經三變獨立而不倚，可謂斯文之有人矣！予因南征見先生長子並諸門人，彼時王事靡盬，未遑親炙，每寄交情於尺素間，蒙我先生常以道氣相許，凡有著述論議，

〔註2〕 見黃熙〈哭明學謝夫子文〉《謝程山集》附錄三。收於《四庫全書存目叢書》集部別集類209冊（臺南：莊嚴文化事業有限公司，1997年），頁338。

〔註3〕 見劉琅〈祭南豐謝明學先生文〉《謝程山集》附錄三。收於《四庫全書存目叢書》集部別集類209冊（臺南：莊嚴文化事業有限公司，1997年），頁340。

　　　輒稱賞不置，以爲斯道不孤，將繼往開來于不窮矣！〔註4〕

稱讚謝文洊天性溫潤平和，精於學養克己有道，有如精金美玉一般雕琢細膩。
自古從孟子以來，直至周敦頤、二程、張載、朱熹之後，學術道德已經掩沒
漫長一段時間，惟謝文洊雖生於數百年之後，但爲了追尋復興程朱道學，雖
歷經三變曲折，卻從來不曾氣餒放棄，後代稱其有功於聖門，可說是當之無
愧。謝文洊治學常以道氣相許，一生皆爲教育著書立說，藉由會講親授後學，
因此得到不少學者的肯定與激賞，並紛紛稱頌其學道有補於後學，實有繼往
開來之功業。

二、後世影響

　　　明末清初，處於動盪的時代背景，爲了尋找漢文化的出口，各種學術思
潮如潛流迴旋，無論陸王心學，或者程朱學脈，目的只求能有安身立命的環
境居所。謝文洊身處於此學術複雜的過渡時期，治學過程歷經三個不同階段，
首由習禪，進而崇王，最後皈依程朱，過程雖多有挫折，但謝文洊終能不斷
地自我完善修正，使其學術思想日精月進。柴桑文行遠於〈祭南豐謝明學先
生文〉中，敘述謝文洊對後世的影響：

　　　　夫子孑然，以聖學爲己任，而嚴辨似是之非，識仁者其體乎，切己
　　　　者其要乎，兢兢以畏天命爲學，而致知主敬之功，歷顚沛造次，力
　　　　底於誠，精焉醇焉，而無纖毫駁雜之憾，江西理學之宗，舍程山其
　　　　誰。〔註5〕

表示謝文洊以復興程朱理學爲己任，嚴格辨別是非對錯，將涵養仁於胸中，
且以識仁爲根本，親自體驗潛心於學，實踐切己力行爲要，以「畏天命」爲
治學宗旨，而其「主敬論」和「至誠說」，則是爲喚醒士人對傳統儒學的認同
與復歸，所謂江西理學正宗，謝文洊儼然當之無愧。上海喬光烈也在〈南豐
謝程山先生傳〉中，陳述謝文洊的學術成就言道：

　　　　程山之學，以畏天命爲宗，著有〈畏天命章〉、《講義》及〈事天謨〉。
　　　　以誠爲本，有〈誠說〉上、下篇。以識仁爲體，有〈識仁說辨〉。以

〔註4〕見胡勒哈氏〈祭南豐謝明學先生文〉《謝程山集》附錄三。收於《四庫全書存
　　　　目叢書》集部別集類 209 冊（臺南：莊嚴文化事業有限公司，1997 年），頁
　　　　339。

〔註5〕見文行遠〈祭南豐謝明學先生文〉《謝程山集》附錄三。收於《四庫全書存目
　　　　叢書》集部別集類 209 冊（臺南：莊嚴文化事業有限公司，1997 年），頁 341。

> 切己爲要,有《學庸切己錄》。以主敬爲功,有《程門主敬錄》。以
> 易爲至精,有《讀易緒言》。以力行爲急,有《日錄》、《七克易》。
> 以濟世爲用,有《初學先言》、《左傳濟變錄》、《大臣法則》,以及《兵
> 法類案》。〔註6〕

表示謝文洊爲學嚴謹,踐履篤實,以「畏天命」爲宗旨,著述有〈畏天命章〉、
《講義》及〈事天謨〉等作品;以誠爲基礎,著有〈誠說〉上、下爲基準;
以識仁爲依據,有〈識仁說辨〉一文闡明;以切己務實爲根本,主要以《學
庸切己錄》一書說明;以主敬爲功夫,則有《程門主敬錄》爲依歸;以易爲
精要,述有《讀易緒言》作提倡;以力行爲守則,有《日錄》、《七克易》二
書闡發;以經世致用爲準則,則先後完成《初學先言》、《左傳濟變錄》、《大
臣法則》,以及《兵法類案》四書傳世。

　　謝文洊的學術思想,主要以宗程朱學脈爲依歸,其爲人個性耿直、操守
端正,加上注重躬行闇修、務求切己功夫,自然得到當時許多學者的欽賴,
尤其文洊對後學教育的深造栽培,更是不遺餘力,從「程山十則」學風的立
定,開展到「畏天命」治學指歸的展現,確實有其一脈條理系統的風格特色。
後人將謝文洊與易堂魏禧、髻山宋之盛並稱爲「江西三山」,至今在南豐鄉賢
祠、嘉禾書院,以及盱江書院,俱享後人崇祀,可見文洊對學術界的貢獻影
響相當深遠。

三、綜述回顧

　　本篇論文以《謝文洊及其思想研究》爲題,首先從研究謝文洊的生平、
交游開始著手,以其家族世系背景、生平事蹟建樹,以及師承、弟子交游概
況爲主軸,進而瞭解謝文洊的人格、人品,及其交游概況。由介紹謝文洊各
個時期師承,探討對謝文洊的思想影響和啓發。謝文洊終老布衣,一生爲學
不輟,其門下弟子不下百餘人,門徒中有的是邑中士子;有的是遠道慕名而
來之學者;有的是父子同列其門,值得注意的是,原爲謝文洊共同聚徒講學
的同游友人,後竟相折節爲其弟子,其中不乏博通宏遠之士。謝文洊的交游
廣闊,特別喜好會友講學,後人將其與易堂魏禧、髻山宋之盛並稱爲「江西
三山」,也就是清初江西言理學派之代表。謝文洊首由務舉業而入禪,再由入

〔註6〕見喬光烈〈南豐謝程山先生傳〉《謝程山集》附錄三。收於《四庫全書存目叢
　　　書》集部別集類209冊(臺南:莊嚴文化事業有限公司,1997年),頁345。

禪而習儒，習儒後則從崇奉陽明，轉而師承程朱，雖然過程中頗多曲折，但其卻能不斷地自我完善，使治學日精月進，通過長期的教育實踐和著書立說，尤其是在講學授業的成就卓越、聲名遠播，奠定當時著名的「程山謝子之學」。

　　次要介紹謝文洊學述著作內容探析，由研究其生平著作考述，洞察其思維理路的方向，並以文學體裁的分類方式，研究現今台灣存本《謝程山集》十八卷中的文章內容概要，再由謝文洊的著作中，存有內文流傳至今，且最具代表性的《學庸切己錄》為例，進一步深入剖析其文學思想主張。謝文洊的生平著述有《學庸切己錄》、《講義》、《日錄》、《文集》、《詩集》、《讀易緒言》、《養正編》、《風雅倫音》、《左傳濟變錄》、《初學先言》、《程門主敬錄》、《大臣法則》、《兵法類案》、《大學稽中傳》、《七克易》，其內容包括理學、教育、倫理，史學、軍事學、文字學……等方面，涉及層面甚多，亦可窺知謝氏學識的廣泛淵博。

　　最後以論述謝文洊的學術思想為主旨，由探討明末清初的學術背景，從內在、外緣因素分別論述，研究謝文洊的思想時代背景，並從治學態度與方法分析，先以宋之盛的手扎〈程山問答〉內容中，研究其治學之理念特色，再由〈程山十則〉和〈果育齋教條〉內容，研究謝子之學的教育學風，總結謝文洊的身處時代背景、治學特色，以及教育風格後，進一步探究其學術理念和思想風貌。明末清初的思想特色，在於理學思想又再度盛行於世，強調實踐個人道德修養的重要，並重視在人倫日用中之實踐學問，注重學習的重要，不喜談抽象的理論，反對玄虛空言的陽明後學，而謝文洊就是生長在此時代背景下的理學家，其對於程朱理學思想的提倡，可以說是不遺餘力。

　　謝文洊平常極注重教育者的自身修養，也注重受教育者的道德品行，其冀望通過創辦教育，培養大批才能卓越之人，以達成「火盡薪傳，繼往開來」之目的，身為一位著名的教育實踐家，其教育思想內容也是非常豐富且頗具價值，而〈程山十則〉和〈果育齋教條〉是謝文洊累積多年治學經驗所定的條規，其教育學風在這兩作中足以得到貫徹。〈程山十則〉主要是謝文洊啟發後學，以躬行實踐為主軸，發展出反己闇修、務求自得的篤躬行、識道本思想，往後也引申為其教育思想的基本準則；〈果育齋教條〉即是文洊闡發：「師嚴然後道尊，道尊而後民知敬學」〔註7〕的義理所在，表明此道不明、

〔註7〕見謝文洊〈果育齋教條〉《謝程山集》卷七。收於《四庫全書存目叢書》集部別集類 209 冊（臺南：莊嚴文化事業有限公司，1997 年），頁 127。

師範不立，學者將漫無統紀、無所依歸。謝文洊處於明末清初之際，身值國家劇變，又正是「經世致用」學風再度興起的時候，在面對當時的窘態，其還是主張中興理學，以挽救世道人心，對於理學的傳承與發揚，亦有其功勞所在。

四、成果價值

本論文的研究成果價值，在於研究題材的生新，筆者選題追求創新發明，主要在推陳出新，發揮獨立思考，那些「未經人道，古所未有」的見地，可由筆者率先提出，成為斯學之開山，從尚未開發過的主題，經過有力的資料論證，進而研究發揮創見，以期能成就一家之言。謝文洊為清初著名的理學教育家，其思想推崇程朱學派，治學主張切己實踐，在當時學術界的發展貢獻是非常值得肯定的，可惜現今台灣並無任何學者對其深入研究。筆者秉持開創新穎題材，研究值得研究並有興趣的主題，以期有助於後人對謝文洊學術思想的認識與瞭解，且拋磚引玉作為學者繼續考察研究之用。

本論文就前人未研究過的主題開始著手研究，至於論文的研究成果與價值如下：

一、筆者對謝文洊的家族世系，作一番有系統的介紹，可使讀者清楚明瞭其世系概況，以及家庭背景。並有製作〈家族世系簡表〉的配合，使讀者更能充分掌握謝文洊的家族世系背景。

二、蒐集原典資料，統整完成〈程山謝明學先生年譜〉的製作，配合〈年譜簡表〉的輔佐，兩者可以作為謝文洊生平史料的重要參考依據。

三、筆者將謝文洊所有的著作，以考述的方式進行研究介紹，並整理歸納為〈著作一覽表〉於後，使讀者對於謝文洊著作的成書時間、卷數多寡，以及本論文所用版本，皆可輕鬆閱讀一目了然。

四、由《謝程山集》的文體分類方式，分別介紹謝文洊的文體內容風格，並以謝文洊的著作中，保有完整內文流傳至今的《學庸切己錄》為基準，進而通曉謝文洊的中心思想主張。

五、謝文洊生於明清之際，正是經世致用學風興盛的時期，此時適逢國家遭遇鉅變，文洊對當時論事多有戚戚之感，因此其於學於理亦多所發揮。筆者由〈程山問答〉內文中，關於文洊治學理念的論辯部分，加以闡述探討，使讀者清楚掌握謝文洊的治學態度和特色。

六、謝文洊生平透過創辦教育，冀望培養大批才能卓越之人，而〈程山十則〉
　　和〈果育齋教條〉乃是謝文洊治學多年所訂定的條規，其教育思想亦多
　　於此兩文中闡發。筆者主要由〈程山十則〉內容為主，並以〈果育齋教
　　條〉論述為輔，對於文洊教育思想做深入探討，進而開展出其教育理念
　　與風格，達到繼往開來之目的。

五、侷限檢討

　　本論文《謝文洊及其思想研究》的完成，還有許多尚待改進的地方，在
此看似漫長又緊促的研究過程中，筆者深刻體悟到書到用時方恨少的缺憾，
一本碩士論文從無到有，從蒐集資料到閱讀彙整，從擬訂綱要到撰寫內文，
這一路是漫長的歷程，加上時間的必然壓力，也許人類的潛能就是要靠無限
的激發而成。撰寫論文是一個艱辛的研究過程，透過學習產生問題意識、並
開始蒐集書目資料，進而閱讀探討，思考組織架構，從而發表個人的見解與
創見，所以學術研究沒有絕對的是非對錯，而是一份對學術熱誠與信念的堅
持。

　　初次撰寫論文的歷程中，筆者自知才疏學淺的不足，並且台灣尚無研究
謝文洊的學位論文可參考，加上海峽兩岸研究謝文洊的學者更是屈指可數，
於是筆者在閱讀少之又少的原典文獻過程中，尤其是在對謝文洊古籍的解讀
相當吃重，再加上謝文洊有許多著作，至今皆無內文流傳，所以筆者在研究
其學術思想的理念特色時，只能藉由其著作序文的內容來推敲判斷，或許沒
有辦法完全掌握謝文洊的思想原意，至今亦令筆者倍感汗顏，又《謝程山全
書》是目前唯一現存的文本，因只有在大陸保存，台灣毫無資料蒐集考察，
迫於時空的關係，筆者僅能先走遍台灣國家圖書館、中央研究院文哲所圖書
館、傅斯年圖書館，以及近史所郭廷以圖書館，蒐集所有在台灣現存的資料
進行研究。由收錄於《四庫全書存目叢書》中的《謝程山集》十八卷（內容
包含謝文洊的部分著述和詩集），以及謝文洊理學思想之代表作《學庸切己錄》
二卷著手，開始對此二書進行密集的考究和探析，但論文內容依然有些許稍
顯不足與待改進之地方。

　　從蒐集資料到完成論文，將近半年的密集歷程，筆者放下手邊的瑣事，
全心全意研讀與撰寫，由於時間的緊迫壓力，還有研究資料的稀少，在論文
撰寫途中，克服自己身心的疲憊、徬徨和焦慮，成為研究過程中最大的考驗
和侷限。人都會替自己的惰性找藉口，而論文的完成並沒有捷徑，唯有靜下

心來，坦然誠懇的面對自我，才能腳踏實地的完成著作，於是筆者秉持專心與恆心是身爲一個學術研究人員所需具備的基本條件，訓練自己敏銳觀察問題與分析歸納資料的能力，這些功夫仍是筆者必須努力精進的部分。最後在研讀古籍方面，是筆者最需下功夫加強的地方，解讀原典向來就是最困難又花精神的功夫，若是有些微的閃失錯置，即無法呈現古人的原述原意，尤其是古代學者擅長通透經典，所以筆者在引述經典方面的精確度還需更紮實精準。關於內文撰寫方面，由於原典資料的文獻不足，導致在論文註腳部分，有些部分引述二手資料來加強筆者對研究對象的理解，若造成無法百分之百的呈現原創，亦是筆者未來有待修正改進的地方。

參考文獻書目

一、古籍部分（依照出版年先後順序排序）

1、（清）鄭昌齡等編纂：《中國方志叢書》，（臺北：成文出版社，1967 年）。

2、（清）鄭釴、劉凝等編纂：《江西省南豐縣志》。收於《中國方志叢書》第
825 號一、二、四冊，（臺北：成文出版社，1989 年）。

3、（清）盧崧、朱若烜等編纂：《江西省南豐縣志》。收於《中國方志叢書》
第 826 號二、三、四冊，（臺北：成文出版社，1989 年）。

4、（清）柏春修、魯琪光等編纂：《江西省南豐縣志》。收於《中國方志叢書》
第 827 號一、五、六、七、八冊，（臺北：成文出版社，1989 年）。

5、（民國）包發鸞、趙惟仁等編纂：《江西省南豐縣志》。收於《中國方志叢
書》第 828 號三、五冊，（臺北：成文出版社，1989 年）。

6、（清）邵子彝、魯琪光等編纂：《江西省建昌府志》。收於《中國方志叢書》
第 831 號，（臺北：成文出版社，1989 年）。

7、（清）黃永綸、楊錫齡等纂修纂：《江西省寧都直隸州志》。收於《中國方
志叢書》第 882 號 第五冊，（臺北：成文出版社，1989 年）。

8、謝文洊：《中庸切己錄》。收於《叢書集成續編》經部 34 冊，（臺北：新文
豐出版社，1991 年）。

9、謝文洊：《程山先生日錄》。收於《叢書集成續編》子部 77 冊，（上海：上
海書店，1994 年）。

10、李騰蛟：《半廬文稿》。收於《叢書集成續編》集部 124 冊，（上海：上海
書店，1994 年）。

11、《中國地方志集成・江西府縣志輯・道光寧都直隸州志》，（南京：江蘇古
籍出版社，1996 年 5 月）。

12、《中國地方志集成・江西府縣志輯・同治贛州府志》，（南京：江蘇古籍出
版社，1996 年 5 月）。

13、李經綸:《大學稽中傳》。收於《四庫全書存目叢書》經部四書類 157 冊，（臺南：莊嚴文化事業有限公司，1997 年）。

14、謝文洊:《學庸切己錄》。收於《四庫全書存目叢書》經部四書類 169 冊，（臺南：莊嚴文化事業有限公司，1997 年）。

15、謝文洊:《謝程山集》。收於《四庫全書存目叢書》集部別集類 209 冊，（臺南：莊嚴文化事業有限公司，1997 年）。

16、彭任:《草亭文集》。收於《四庫全書存目叢書》集部別集類 236 冊，（臺南：莊嚴文化事業有限公司，1997 年）。

17、謝鳴謙:《程山謝明學先生年譜》。收於《年譜叢刊》73 冊，（北京：北京圖書館出版社，1998 年）。

18、《地方志人物傳記資料叢刊》東北卷，（北京：北京圖書館出版社，2001 年 9 月）。

19、《地方志人物傳記資料叢刊》華北卷，（北京：北京圖書館出版社，2001 年 9 月）。

20、魏禧:《左傳經世鈔》。收於《續修四庫全書》經部春秋類 120 冊，（上海：上海古籍出版社，2002 年）。

21、李元度:《國朝先正事略》。收於《續修四庫全書》史部傳記類 539 冊，（上海：上海古籍出版社，2002 年）。

22、錢林:《文獻徵存錄》。收於《續修四庫全書》史部傳記類 540 冊，（上海：上海古籍出版社，2002 年）。

23、魏禧:《魏叔子文集外篇》《魏叔子日錄》《魏叔子詩集》。收於《續修四庫全書》集部別集類 1408、1409 冊，（上海：上海古籍出版社，2002 年）。

24、魏禧:《魏叔子文集》（三冊），（北京：中華書局，2003 年 6 月）。

25、彭士望:《恥躬堂文鈔》。收於《清代詩文集彙編》32 冊，（上海：上海古籍出版社，2010 年）。

26、謝文洊:《謝程山先生集》。收於《清代詩文集彙編》55 冊，（上海：上海古籍出版社，2010 年）。

27、魏際瑞:《魏伯子文集》。收於《清代詩文集彙編》70 冊，（上海：上海古籍出版社，2010 年）。

28、魏禧:《魏叔子文集外篇》。收於《清代詩文集彙編》92 冊，（上海：上海古籍出版社，2010 年）。

29、魏禮:《魏季子文集》。收於《清代詩文集彙編》114 冊，（上海：上海古籍出版社，2010 年）。

30、《叢書人物傳記資料類編·仕宦卷》，（北京：國家圖書館出版社，2010 年 6 月）。

31、《地方志人物傳記資料叢刊》華東卷，（北京：北京圖書館出版社，2010年10月）。

二、專書部分（依照出版年先後順序排序）

1、唐鑑：《清學案小識》，（上海：商務印書館，1937年4月）。

2、祈致賢：《朱熹教育學說》，（臺北：復興書局，1954年6月）。

3、范壽康：《朱子及其哲學》，（臺北：開明書局，1964年7月）。

4、李桓：《國朝耆獻類徵初編》，（臺北：文海出版社，1966年）。

5、王止峻：《學庸類釋》，（臺北：商務印書館，1971年8月）。

6、王守仁：《傳習錄附大學問》，（臺北：正中書局，1976年4月）。

7、錢穆：《中國近三百年學術史》，（臺北：商務印書館，1980年1月）。

8、溫聚民：《明魏叔子先生禧年譜》，（臺北：商務印書館，1980年7月）。

9、蔡愛仁：《大學中庸精注》，（臺北：正中書局，1982年9月）。

10、來新夏：《近三百年人物年譜知見錄》，（上海：人民出版社，1983年4月）。

11、任道斌：《方以智年譜》，（合肥：安徽教育出版社，1983年6月）。

12、陽海清、蔣孝達校編：《中國叢書綜錄補正》，（揚州：江蘇廣陵古籍刻印社，1984年）。

13、胡志奎：《學庸辨證》，（臺北：聯經出版事業股份有限公司，1984年8月）。

14、陳槃：《大學中庸今釋》，（臺北：正中書局，1984年10月）。

15、楊向奎：《清儒學案新編》，（濟南：齊魯書社，1985年）。

16、趙爾巽：《清史稿列傳》，（臺北：明文書局，1985年）。

17、梁啓超：《清代學術概論》，（臺北：商務印書館，1985年2月）。

18、王守仁：《王陽明傳習錄》，（臺北：廣文書局，1985年11月）。

19、周駿富輯：《宋學淵源記》。收於《清代傳記叢刊》第2冊，（臺北：明文書局，1986年）。

20、周駿富輯：《國朝學案小識》。收於《清代傳記叢刊》第2冊，（臺北：明文書局，1986年）。

21、周駿富輯：《道學淵源錄》清代篇。收於《清代傳記叢刊》第3冊，（臺北：明文書局，1986年）。

22、周駿富輯：《清儒學案小傳》。收於《清代傳記叢刊》第5冊，（臺北：明文書局，1986年）。

23、周駿富輯：《文獻徵存錄》。收於《清代傳記叢刊》第11冊，（臺北：明文書局，1986年）。

24、周駿富輯：《國史文苑傳稿》。收於《清代傳記叢刊》第 13 冊，（臺北：明文書局，1986 年）。

25、周駿富輯：《儒林集傳錄存》。收於《清代傳記叢刊》第 13 冊，（臺北：明文書局，1986 年）。

26、周駿富輯：《明代千遺民詩詠》。收於《清代傳記叢刊》第 66 冊，（臺北：明文書局，1986 年）。

27、周駿富輯：《明遺民錄》。收於《清代傳記叢刊》第 68 冊，（臺北：明文書局，1986 年）。

28、周駿富輯：《清史稿列傳》。收於《清代傳記叢刊》第 94 冊，（臺北：明文書局，1986 年）。

29、周駿富輯：《清史列傳》。收於《清代傳記叢刊》第 104 冊，（臺北：明文書局，1986 年）。

30、周駿富輯：《碑傳集》。收於《清代傳記叢刊》第 113 冊，（臺北：明文書局，1986 年）。

31、周駿富輯：《國朝耆獻類徵初稿》。收於《清代傳記叢刊》第 179 冊，（臺北：明文書局，1986 年）。

32、周駿富輯：《清朝先正事略》。收於《清代傳記叢刊》第 193 冊，（臺北：明文書局，1986 年）。

33、張立文：《朱子思想研究》，（臺北：谷風出版社，1986 年 10 月）。

34、錢穆：《中國學術思想史論叢》（八），（臺北：東大圖書公司，1990 年 4 月）。

35、何冠彪：《明末清初學術思想研究》，（臺北：學生書局，1991 年 2 月）。

36、陳文石：《明清政治社會史論》上、下冊，（臺北：學生書局，1991 年 11 月）。

37、林保淳：《經世思想與文學經世》，（臺北：文津出版社，1991 年 12 月）。

38、唐富齡：《明清文學史‧清代卷》，（武漢：武漢大學出版社，1991 年 12 月）。

39、吳康等：《學庸論文集》，（臺北：黎明文化事業股份有限公司，1992 年）。

40、李才棟：《江西古代書院研究》，（南昌：江西教育出版社，1993 年 10 月）。

41、張永堂：《明末清初理學與科學關係再論》，（臺北：學生書局，1994 年）。

42、梁啟超：《中國近三百年學術史》，（臺北：里仁書局，1995 年 2 月）。

43、朱義祿：《逝去的啟蒙——明清之際啟蒙學者的文化心態》，（鄭州：河南人民出版社，1995 年 4 月）。

44、楊鑫輝、李才棟：《江西古代教育家評傳》，（南昌：江西教育出版社，1995 年 8 月）。

45、蕭萐父、許蘇民：《明清啓蒙學術流變》，（瀋陽：遼寧教育出版社，1995年10月）。

46、周明初：《晚明士人心態及文學個案》，（北京：東方出版社，1997年8月）。

47、陳伯海：《中國近四百年中國文學思潮史》，（上海：東方出版社，1997年10月）。

48、羅熾：《方以智評傳》，（南京：南京大學出版社，1999年）。

49、趙園：《明清之際士大夫研究》，（北京：北京大學出版社，1999年1月）。

50、孫廣德：《明清政治思想論集》（上、下），（臺北：桂冠圖書出版社，1999年5月）。

51、勞思光：《大學中庸譯註新編》，（香港：中文大學出版社，2000年）。

52、馮爾康：《清代人物傳記史料研究》，（北京：商務印書館，2000年）。

53、左東齡：《王學與中晚明士人心態》，（北京：人民文學出版社，2000年4月）。

54、李靈年、楊忠：《清人別集總目》，（合肥：安徽教育出版社，2000年7月）。

55、韓進廉：《無奈的追尋——清代文人心理透視》，（保定，河北大學出版社，2001年9月）。

56、王俊義：《清代學術探研錄》，（北京：中國社會科學出版社，2002年8月）。

57、錢明：《陽明學的形成與發展》，（南京：江蘇古籍出版社，2002年9月）。

58、吳承學、李光摩：《晚明文學思潮研究》，（武漢：湖北教育出版社，2002年10月）。

59、施廷鏞：《中國叢書綜錄續編》，（北京：北京圖書館出版社，2003年）。

60、陳乃乾：《清代碑傳文通檢》，（北京：北京圖書館出版社，2003年7月）。

61、孫之梅、郭延禮：《中國文學精神‧明清卷》，（濟南：山東教育出版社，2003年12月）。

62、王澤應：《新譯學庸讀本》，（臺北：三民書局，2004年）。

63、王汎森：《晚明清初思想十論》，（上海：復旦大學出版社，2004年12月）。

64、程潮：《儒家內聖外王之道通論》，（長沙：湖南人民出版社，2005年5月）。

65、龔鵬程：《晚明思潮》，（北京：商務印書館，2005年8月）。

66、謝國楨：《明末清初的學風》，（上海：上海書店，2005年11月）。

67、徐世昌：《清儒學案》，（北京：中華書局，2008年）。

68、楊菁：《清初理學思想研究》，（臺北：里仁書局，2008年1月）。

三、學位論文（依照出版年先後順序排序）

1、林保淳撰：《魏禧的思想與文論》，（臺北市：臺灣大學中國文學研究所碩士論文，1982 年）。

2、鄭師卜五撰：《傅青主與其諸子學研究》，（高雄市：高雄師範大學國文研究所碩士論文，1991 年）。

3、林煌崇撰：《明末清初之經世學風與史學思想》，（臺北市：政治大學中國文學研究所碩士論文，1991 年）。

4、陽平南撰：《魏禧左傳經世鈔研究》，（臺北市：輔仁大學中國文學研究所博士論文，2007 年 7 月）。

5、謝成豪撰：《彭紹升及其思想研究》，（高雄市：高雄師範大學經學研究所碩士論文，2009 年）。

四、期刊論文（依照出版年先後順序排序）

1、甲凱：〈明代的學風與士習〉，（《中國歷史學會史學集刊》，第 7 期，1975 年 5 月）。

2、林麗真：〈中庸之要在明誠〉，（《孔孟月刊》，第 16 卷，第 3 期，1977 年 11 月），頁 18～22。

3、蔡愛仁：〈寧都易堂九子述略〉，（《華學月刊》，第 84 期，1978 年 12 月）。

4、楊祖漢：〈忠恕與中庸〉，（《鵝湖月刊》，第 9 卷，第 12 期，1984 年 6 月），頁 28～33。

5、丁原植：〈中庸哲學基本結構之形上探析〉，（《哲學論集》，第 18 期，1984 年 8 月），頁 87～119。

6、趙書田：〈中庸誠的性命觀與中道思想〉，（《中國文化月刊》，第 88 期，1987 年 2 月），頁 85～93。

7、鄭琳：〈就中庸鬼神之為德章說「誠」〉，（《孔孟月刊》，第 25 卷，第 10 期，1987 年 6 月），頁 24～25。

8、冒懷辛：〈方以智、易堂九子與理學〉，（《中國史研究》，第 4 期，1987 年）。

9、孟繁舉：〈易堂九子行誼學述〉，（《蘭女學報》，1988 年 4 月）。

10、李穎科：〈孔子與經世致用之學的起源〉，（《西北大學學報》，第 4 期，1995 年）。

11、胡迎建：〈清初江西三大學派歧同述略〉，（《江西社會科學》，第 12 期，1996 年），頁 65～66。

12、葛志毅：〈經世致用傳統對中國古代史學發展的誤導〉，（《北方論叢》，第 1 期，1996 年）。

13、黃長義：〈略論晚明經世思潮的興起〉，（《江漢論壇》，第 6 期，1997 年）。

14、楊師晉龍：〈《四庫全書》版本是非與「新四庫全書」體例擬議〉,（《中國文哲研究通訊》,第 8 卷,第 4 期,1998 年 12 月）。

15、秦良：〈論彭士望的散文〉,（《江西教育學院學報》,第 23 卷,第 4 期,2002 年 8 月）。

16、周建華：〈易堂九子的思想內核是宋明理學〉,（《贛南師範學院學報》,第 2 期,2003 年 4 月）。

17、張高評：〈論文選題與學術研究〉,（《國文天地》,第 12 期,2003 年 5 月）,頁 81～95。

五、網路部分

1、中華博物網：http://www.gg-art.com/article/tools_b.php

2、江西文明網 數據江西庫：http://data.jxwmw.cn/index.php

3、國學導航 中國國學經典在線閱讀：http://www.guoxue123.com/index.htm

4、中研院語言所 搜詞尋字語庫查詢系統：
http://words.sinica.edu.tw/sou/sou.html

5、國家圖書館全球資訊網：http://www.ncl.edu.tw/mp.asp?mp=2

6、中研院文哲所圖書館：http://lib.litphil.sinica.edu.tw/

7、近史所郭廷以圖書館：
http://lib.mh.sinica.edu.tw:8080/cgi-bin/jsu/brwhtm.cgi?o=dbrwhtm/

8、傅斯年圖書館：http://lib.ihp.sinica.edu.tw/

9、臺灣博碩士論文知識加值系統：
http://ndltd.ncl.edu.tw/cgi-bin/gs32/gsweb.cgi/ccd=hXmJRD/webmge?mode=basic

10、維基百科：
http://zh.wikipedia.org/wiki/Wikipedia:%E9%A6%96%E9%A1%B5

11、杜保瑞的中國哲學教室：http://homepage.ntu.edu.tw/~duhbauruei/index.html

12、故宮寒泉檢索：http://libnt.npm.gov.tw/s25/index.htm

13、教育部國語字典：http://140.111.34.46/jdict/main/cover/main.htm

14、教育部重編國語字典：http://dict.revised.moe.edu.tw/

附表一　謝文洧家族世系簡表

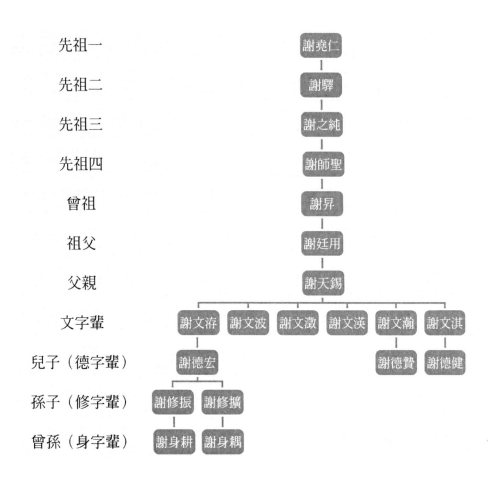

先祖一	謝堯仁
先祖二	謝驛
先祖三	謝之純
先祖四	謝師聖
曾祖	謝昇
祖父	謝廷用
父親	謝天錫
文字輩	謝文洧　謝文波　謝文澂　謝文渶　謝文瀚　謝文淇
兒子（德字輩）	謝德宏　　　　　　　　　　　謝德贄　謝德健
孫子（修字輩）	謝修振　謝修擴
曾孫（身字輩）	謝身耕　謝身耦

附表二　謝文洊著作一覽表

書　名	卷　數	成書時間	干支	年　歲	所用版本
初學先言	一卷或二卷（僅序文存）	崇禎十五年（1642）	壬午	二十七歲	清道光三十年刻謝程山全書本
程門主敬錄	一卷（僅序文存）	順治十一年（1654）	甲午	三十九歲	清道光三十年刻謝程山全書本
風雅倫音	二卷（僅序文存）	順治十二年（1655）	乙未	四十歲	清道光三十年刻謝程山全書本
大學稽中傳	一卷	順治十四年（1657）	丁酉	四十二歲	清光緒刻本
七克易	二卷（僅序文存）	康熙二年（1663）	癸卯	四十八歲	清道光三十年刻謝程山全書本
學庸切己錄	二卷或三卷	康熙四年（1665）	乙巳	五十歲	清光緒十八年謝鏞刻謝程山全書本
左傳濟變錄	二卷（僅序文存）	康熙七年（1668）	戊申	五十三歲	清道光三十年刻謝程山全書本
讀易緒言	二卷或三卷（未成全書）	康熙七年（1668）	戊申	五十三歲	未詳
兵法類案	十二卷或十三卷（僅序文存）	康熙十三年（1674）	甲寅	五十九歲	清道光三十年刻謝程山全書本
大臣法則	八卷	康熙十九年（1680）	庚申	六十五歲	謝程山全書本
日錄	三卷或四卷	未詳	未詳	未詳	清道光三十年刻謝程山全書本

講義	三卷	未詳	未詳	未詳	清道光三十年刻謝程山全書本
詩集	一卷	未詳	未詳	未詳	清道光三十年刻謝程山全書本
文集	十四卷	未詳	未詳	未詳	清道光三十年刻謝程山全書本
養正篇	一卷（無內文也無序文存）	未詳	未詳	未詳	未詳

附表三　謝文洊年譜簡表

時代紀年	西元	干支	年　歲	事　　略	時　　事
明萬曆四十四年	1616	丙辰	一歲	秋八月癸亥，先生生於南豐縣大井里。	
明天啓二年	1622	壬戌	七歲	先生入小學。	
明崇禎元年	1628	戊辰	十三歲	舅氏死，洊甫十餘齡，隨先母往，哭見先外祖覺菴先生，遺書中有與羅念菴、鄒爾瞻二先生書稿，洊愚不解，唯朱子晚年定論一冊，先母見洊翻閱不置，命持歸，洊自後雖習舉子業，理學一念耿耿不忘中得，自奮拔，皆先母有以啓之也。	
明崇禎五年	1632	壬申	十七歲	繼室夫人蕭氏，爲南城選拔，蕭公應呂女。	
明崇禎八年	1635	乙亥	二十歲	冬十月戊戌，子德宏生。	
明崇禎十年	1637	丁丑	二十二歲	夏六月丁未，子士騮生。	
明崇禎十四年	1641	辛巳	二十六歲	自己卯後，厭薄舉子業，與禪僧往來，至是見中原寇氛亂無所底，遂有出世之志。	
明崇禎十五年	1642	壬午	二十七歲	夏五月，編緝《初學先言》成。	
明崇禎十六年	1643	癸未	二十八歲	壬午以來，好大慧禪師書，參叩甚密，最後用工尤猛，一日午坐榻上，返叩靈根，	

				忽然如鳥飛出籠在太虛中，屋捨身軀俱空，移時忽自念此境是好，便失之然，自是神氣清灑，異於平時。	
清順治元年	1644	甲申	二十九歲	春三月，寇李自成攻陷北京，崇禎皇帝崩，先生脫縣學弟子籍。 讀陸子《象山集》，專志於儒。	四月，吳三桂乞師入關，大破李自成。 五月，清兵入京。
清順治三年	1646	丙戌	三十一歲	讀王守仁的《陽明集》。 讀王畿的《龍溪集》。	
清順治四年	1647	丁亥	三十二歲	開始會友講學。 讀《陽明集》，深悔從前之謬是，多乃會同志友李仲闇（蕚林）、曾若顯（有孚）、邵先士（睿明）、傅同人（與）、姚繩武、揭白波、曾悅生（秉豫）、甘樨齋（京）、曾樵陽等，講論良知之學。	
清順治六年	1649	己丑	三十四歲	春三月，大會於了溪，又大會於新城縣神童峰，新城吳一焉（伯）、王聖瑞、鄧元白（玉）入會，王聖瑞精於羅整菴《困知記》，力闢陽明，與先生爭辨屢日。 是歲願居門墻者眾，先生皆固辭，一為師道等於君父，潦草奉師是為褻道，一為己當培植深厚，沛然有餘乃可為師，不然則是道德中之功利。	正月，朝鮮遣使入貢。
清順治八年	1651	辛卯	三十六歲	作〈舉過箴〉、〈受過箴〉，每會講畢誦之。 是歲始得《困知記》，讀之不合。	帝始親政。
清順治十一年	1654	甲午	三十九歲	始館程山，顏其堂曰「尊洛」。自署曰「約齋」，作〈約齋銘〉。 緝《程門主敬錄》。 夏五月丁巳，長孫修振生。	

清順治十二年	1655	乙未	四十歲	評次《風雅倫音》畢。 冬，往寧都，訪易堂諸友。	
清順治十三年	1656	丙申	四十一歲	春正月，友人甘京稱弟子，先是先生講學，邑人頗訕笑，自經師封濬、進士黃熙及老友甘京折節後，群議稍息，從遊者日眾。 秋七月，《大學切己錄》成。 八月庚寅，望次孫修擴生。 九月作〈誠說〉。 讀《薛文清集》，稱其平正切實，又極精微，讀《李寅青集》，稱其博大而精，有生不同時之恨。	
清順治十四年	1657	丁酉	四十二歲	六月，訂李寅青（經綸）《大學稽中傳》，先生謂此書精穩，但稍有字句之累，故為訂之。 是歲讀《困知記》契合，自是日析禪學之弊，一宗程朱學派。	
清順治十五年	1658	戊戌	四十三歲	以「畏天命」為宗旨。	
清康熙二年	1663	癸卯	四十八歲	三月，刪校《西學七克》畢，名曰《七克易》，《日錄》云：此番刪校七克，彼教陋處俱已剔盡，存者俱切實格言也，置之案頭，可以為刮骨洗髓之劑。 復校《初學先言》畢。 讀劉念臺（宗周）年譜，推為明季理學第一。 秋九月，復校《大學切己錄》畢。	
清康熙四年	1665	乙巳	五十歲	作〈識仁說辨〉。 夏四月乙丑，星子髻山宋未有（之盛）來訪，兩山以書論學有年，至是各質所懷。論程子識仁、儒禪差別、程朱學脈，及無善宗旨有弊，俱契合。	鄉會試復舊制，仍用八股文取士。

				戊寅，時魏冰叔館新城，走百二十里赴會，舉會聽者甚眾，程山之學於斯為盛。辛巳，髻山歸，歎曰：不到程山，幾乎枉過一生矣。九月，《中庸切己錄》成，自丙申起草，每一章精思數日或一月，至是成。	
清康熙六年	1667	丁未	五十二歲	定〈程山十則〉刊行，初作七矩，至是定為十則，舉《講義·畏天命章》同付梓。	
清康熙七年	1668	戊申	五十三歲	夏四月，編次《左傳濟變錄》評論之。著《讀易緒言》，《日錄》載，與李生其聰講易，輒聞幼生云：「今日初九，忽省本月，乾卦用事，而本日初九，偶爾開講乾卦，得非潛龍勿用，即予終身之占乎。」當日以文言自勉，後此書未成，終於謙卦。	
清康熙十二年	1673	癸丑	五十八歲	作〈認理提綱頌〉。訂《髻山傳》。過廬山，訂《髻山語錄》於青松寺。	十一月，吳三桂雲南起兵。
清康熙十三年	1674	甲寅	五十九歲	三月，避閩亂，居良籌山，讀孫子兵書，取其要語為綱，以歷代名將事蹟為目名曰《兵法類案》而歸之，蓄德為用，軍居功之本云。	吳三桂軍略四川、湖南、湖北等地。
清康熙十八年	1679	己未	六十四歲	冬十月庚寅，曾孫身耕生。十二月丁丑，曾孫身耦生。	康熙親試博學鴻儒於體仁閣。
清康熙十九年	1680	庚申	六十五歲	秋八月，緝《大臣法則》。	
康熙二十一年	1682	壬戌	六十七歲	夏五月丁卯，先生卒。自去秋病，知大命將盡，而為學不稍輟，先二日作墓誌，述生平梗概，遂絕筆二十日。弟子私諡文洊為「明學夫子」。	